너의 별자리는 옆자리

편집자 주
- 이 책은 2019년 4월부터 2020년 3월까지 김희준 시인이 월간 『시인동네』에 연재했던 열두 편의 글에 미발표분 원고 한 편을 더해 시인의 1주기인 2021년 7월 24일 출간했던 『행성표류기』의 개정판이다.
- 일반적으로 '별'은 스스로 빛을 내는 '항성'을 가리키나 이 글에서는 시인의 의도껏 '행성'이라 통칭하였다.

너의 별자리는 옆자리

김희준 유고 산문

난다

시작하는 말

도시의 별은 멸종 위기에 처했다. 유성우를 봤다든가 소원을 빌었다든가 하는 이야기는 까마득하다. 내가 야광 별을 헤아리다 잠든 세대라고 말해도 좋겠다. 캄캄한 밤하늘을 선물해준 앞 세대를 원망하지 않는다. 나 또한 그러할 것이므로.

행성에 관한 이야기를 떠올린 건 아홉 살에 본 그림책이 인상 깊어서다. 기회가 된다면 빼지 않고 달로 갈 작정이다. 내 왼쪽 골반에는 점이 빼곡하다. 엄마는 그걸 은하수라 불러주었다. 자신은 어느 추빙딩한 별의 지느러미거나 파란 피를 가진 외계인이라는 말을 겨울밤 귤 까먹듯 들려주었다. 내 몸에는 은하가 흐르고 유전자에는 외계가 섞여 있다. 운명론을 맹신하는 집안에서 태어났으니 내가 별을 이야기하는 건 운명인 셈이다. 부디 별자리를 길들이는 시간을 즐겨주시길.

2019년 4월

차례

005   시작하는 말

011   목동자리⋯⋯ 우주 미아가 될 당신을 위하여,
027   처녀자리⋯⋯ 코마의 평원에 머무는 나비
043   궁수자리⋯⋯ 오만한 현자와 거룩한 반인반수의 땅
061   백조자리⋯⋯ 은하를 건너는 밀서와 쏟아지는 알타이르의 새
079   뱀주인자리⋯⋯ 재생되는 낮과 밤, 아스클레피오스의 백사
097   남쪽물고기자리⋯⋯ 물병에 갇힌 포말하우트의 이름들
113   삼각형자리⋯⋯ 바람개비 은하에 잘린 외로운 도형
129   안드로메다자리⋯⋯ 중력으로부터 해방되는
              안드로메다의 사육장

147 오리온자리⋯⋯ 성운의 수태고지,
            트리에 걸린 첫눈과 슬픔에 빠진 거인

165 쌍둥이자리⋯⋯ 배태하는 백조의 아이들; 북하北河의 껍질

183 작은개자리⋯⋯ 귀애하는 나의 반려

203 컵자리⋯⋯ 칸타로스에 담긴 주신酒神의 환각

223 까마귀자리⋯⋯ 자오선을 회전하는 오좌烏座의 낭설

243 끝나지 않은 말

247 편지 사랑하는 애기 선생님께⋯⋯ 이미성(제자)
253 발문 천칭자리는 옆자리가 되어⋯⋯ 서윤후(시인)

목동자리

우주 미아가 될 당신을 위하여.

D+99

그렇지, 아르크투루스.

오랜 밤 터득한 게 있다면 내 모성母星이 어떤 계절을 맞았는지 알았다는 거야. 봄이 만발한 지구에서 너를 찾던 기억이 나. 동쪽 산 능선에 누워 잘 익은 주황으로 별을 빚던 기억. 잘 빚은 별을 띄우며 생각했어. 어쩌면 구관조는 네 곁에서 태어났을 거라는 생각. 몇억 광년을 날아오는 동안 언어는 온전했을까. 구름 속에 손을 넣으면 거친 질감이 만져져. 나는 그것이 처음부터 구관조의 심장이었을 거라는 짐작을 해.

셀 수 없는 광년을 건너다가 정거장을 발견한 건 우주에 침

전되기 직전이었어. 천체의 블랙스미스는 보수가 좋지만 아무나 될 수 없지. 별이 잘 따르는 운을 타고나야 해. 별자리마다 성정을 꿰고 있어야 하는 건 당연하고. 무엇보다 어둠을 짚을 줄 알아야 하지. 엉키지 않게 은하의 좌표와 전설을 연결하고 자리를 내주어야 해.

그러므로 현명하고 단순해야 하지. 과감한 목소리를 가지는 동시에 과묵해야 하지. 당신과 같아. 까다롭고 거룩한 운명인 셈이지. 블랙스미스의 수첩을 줍게 된 건 내게도 하늘이 닿았다는 과장된 설명을 받아들이기 위해서는 아닐까.

먼저 눈에 띈 건 낙서야. 다음으로 꼬깃한 북극성 급행열차 티켓, 찢어진 우주정거장 설계도, 그리고 아르크투루스 너를 만날 수 있는 지도였어. 블랙홀의 단면으로 만들어진 양피지는 귀한 것이라 나도 말로만 들었지. 지도가 한 뼘 정도 유실된 것을 보니 블랙스미스가 이곳에 다녀간 지 꽤 됐으리라 짐작했어. 그들은 게으른 걸음을 하고 있으니 다시 돌아오기 귀찮았을 거야. 분명해. 회전하기에 구관조가 셀 수 없이 환생해도 모자라는 시간이 걸렸을 테지. 그렇다 하더라도 이런 추리로 너를 설득하기는 힘들겠다.

 더 말해볼 테니 들어줘. 지도에 손을 대자 빨려들어갈 것 같았어. 너도 알겠지만 블랙홀양피지는 이용하지 않으면 스스로를 갉아먹는 성질을 가졌잖아. 얼른 손을 대고 지도를 사용하지 않으면 나는 정거장에서 기다리는 일밖에 할 수 없었을 거야. 사냥개자리에 물려 은하 밖으로 던져졌을지도 모르고. 아니면 밤을 구걸하거나 외로움에 낡아가다 어느 날 침전됐을 거야. 현명한 너는 내 상황 충분히 이해하지, 그렇지?

D+106

 도착한 건 순식간이다. 수첩을 줍게 된 일 그리고 목동자리 위치를 가리키고 있는 양피지가 손에 들어온 것은 우연일까, 운명일까. 수첩의 주인은 꼼꼼하지만 건망증을 앓는 건축가가 분명하다. 우주의 블랙스미스가 백억 광년에 한 명 난다는 건 문장일 뿐이었나. 수첩 주인의 존재 이유는 언젠가 내가 미아가 되었을 때를 대비해 천계가 설계해놓은 장치일까. 의기양양하게 폐정거장을 둘러본다.

 큰 행운은 누군가의 태생조차 본인의 것이라는 착각을 하게 한다. 과장된 기쁨이라고 여기기엔 수첩 속 악필로 기술된 문장이 나를 시험에 들게 만든다. 미아가 된 처지를 잊을 정도야,

중얼거리면서 지도 가운데 점을 바라본다. 캄캄한 죄면에 걸릴 것 같아. 보통 블랙홀 지도는 편도용이니 곧 어둠이 넓어질 것이다. 반경 어디까지 위험하다고 했더라. 어서 자리를 뜨자. 그 전에 종이를 차례로 넘긴다.

D+107

목동자리의 배꼽, 아르크투루스

과묵한 편이므로 조용하게 접근할 것. 내성적인 동시에 리더십이 강한 편. 책임감을 지녔음. 고질병인 디스크가 있음. 낯가림. 사나운 두 마리 개를 키움. 동물 애호가라는 소문이 ~~은하에 파다함~~. 그러나 헛된 말을 꺼내지 않는 게 좋을 듯. 의외로 친근한 화법이 먹힘. 선구자라고 띄워주는 걸 좋아함. 지나친 강조는 아부로 받아들임. 까다로운 선을 지켜야 함. 태초의 하늘을 짊어진 형상.

쨍한 오렌지빛 땅을 딛는다. 하늘에서 커다란 깃을 가진 새가 붉은 먼지를 일으킨다. 기억이 맞는다면 어릴 적 천계도감에서 본 북방검정부리새다. 처녀자리의 스피카와 사자자리 레굴루스 그리고 목동자리의 아르크투루스를 두고 거대한 삼각형을 그리며 난다고 했던가. 하필 구관조를 만나다니. 사진에서 막 튀어나온 듯 새는 시끄럽게 무리를 지어 날아다닌다. 목동자리가 몸을 틀며 귀를 막진 않을까. 오늘은 어떻게든 아르크투루스를 구슬려 다음 행성으로 떠나는 지도를 얻으려고 했다. 하지만 며칠째 혼자 떠들었더니 공허한 기분이 든다. 저 새의 부리를 잘라와 내 입에 붙일까. 고요한 행성이 북방검정부리새의 주요 서식지인 것은 추측건대 말을 연습하기에 최적의 장소이기 때문이다. 삼백 개가 넘는 목젖과 유전자가 같다는 건 좀 웃기지 않아? 그러므로 구강 구조가 다양한 새는 사냥감의 울음이나 소리를 곧잘 따라 한다. 잡음이 없는 곳에서 소리를 연습하는 새라니. 아이러니한 광경에 잠시 멍해진다. 도감의 저자가 된 기분이다. 주로 머리털자리와 작은사자자리 부근에서 눈이 어두운 짐승을 사냥한다고 알려져 있는데 이곳에 왜 들른 거지? 얼마나 있을 작정인 걸까. 턱에 달린 기다란 더듬이를 보자 한숨이 나온다. 평소엔 북쪽을 향하는 더듬이가 새의 특징이다. 헷갈릴 것도 없이 언어를 연습하러 온 시끄러운 구관조. 행성에서 얼마간 더 머물러야 할 것 같다.

D+113

놀라운 건 당신이 생각보다 다정하다는 거야, 동물 한정으로.

이곳이 북방검정부리새의 서식지인 이유와 사납기로 유명한 사냥개자리를 곁에 둔 이유를 알겠어. 챙 넓은 산과 평평한 대지도 그들을 위한 거지. 소문이 아니라 진짜였어. 블랙스미스는 붉은 먼지를 일으키며 날아다니는 새의 무리를 이곳에선 본 적이 없었나봐. 당신의 진짜 모습도. 진짜라고 하니 말인데, 왜 그렇게 말이 없어? 우리 이 정도 봤으면 한마디 꺼낼 법도 하잖아. 그만 나불대라는 욕이라도 말이야. 아니면 새가 당신이 소모할 양까지 울어줘서 그런 거야?

누군가가 대신 울어준다는 건 근사하지만 부끄러운 일이야. 나는 지금도 곧잘 울어. 하지만 울지 않은 척하지. 얼마나 많은 새가 당신을 위해 울어주겠어. 내게도 그런 아름다운 행성이 있었다고 해. 아주 오래된 일이라 까마득하긴 하지만. 봄이면 우리 행성에서 당신이 가장 빛났다지. 계절의 시작이자 우주가 깨어나는 시기에 당신은 천체의 가이드가 되기도 하고 여행자에게 나침반 역할도 했었다지. 말하자면 선구자였던 셈이지.

D+114

 보름이 지났다. 어린 시절을 보낸 행성에서 십오 일이면 달의 형태가 바뀌어 보였다. 지도를 어디에 숨겨놨을까. 넓적한 광물 아래에 몸을 눕힌다. 붉은 모래가 까슬하다. 하늘은 먼지로 가득이다. 가까운 별이라도 보고 싶은데 꼼짝없이 자리를 지켜야 한다니. 양떼를 치며 점성술을 연구했던 칼데아인과 다를 바가 뭔가. 자연을 샤머니즘으로 해석했던 먼 과거와 뭐가 다르단 말인가. 자리를 떠돌기만 하다가 이곳의 일부가 되어버리면 어쩌지. 수첩에 적힌 목동자리 길들이는 방법은 혹시 내가 길들여지는 방법은 아닐까.

D+120

 고전 하나 들려줄까. 내가 태어난 행성에는 오래전 사라진 작은 섬이 있어. 거기서 당신은 특별한 가설과 속설로 이루어져 있거든. 그때 많은 밤이 숨을 얻었지. 진화가 덜 된 인간은 상상력이 대단했다고 전해져. 아마 동물처럼 사냥하거나 음식을 먹는 원초적인 움직임에서 행동의 추진력을 얻던 시기여서가 아닐까. 아이들이 그러하듯 말이야.

 나는 큰곰자리와 작은곰자리에 얽힌 신화를 알고 있지만 그건 당신이 동물 애호가여서 그래. 곁에 있고 싶은 별자리여서 그 위치를 선정한 거지? 내가 맞다면 아르크투루스, 당신은 신들의 싸움에서 패배했어. 그 죄로 형벌을 받아야 했지. 잠시 고민했지만 당신은 태초의 하늘을 짊어졌던 아틀라스야. 조금이라도 흔들리면 세상이 무너졌을 테니 평생 어깨 한번 털어내지 못하고 이곳에 있었을 거야.

D+121

 목동자리에서의 마지막 밤이다. 어제 말을 마치자마자 모든 북방검정부리새 무리의 긴 더듬이가 일시에 나를 향했다. 나의 목소리로 노래하는 새떼는 어딘지 기괴하고 슬펐다. 그중 가장 진한 색의 날개를 가진 새가 나를 지도가 있는 곳으로 이끈다. 목적지에 도착하자 즐거웠네, 말을 남기고 날아가는 새는 아르크투루스가 분명해. 그만큼 견고하고 다정했으니. 다음 행성으로 향하려다 지도를 말아 넣는다. 하루쯤 더 떠돌아도 좋을 것 같다.

 붉은 모래가 인다. 행성에는 오렌지빛 먼지가 뿌옇다. 나는 아주 잠깐 하늘을 들어올린다.

처녀자리

코마의 평원에 머무는 나비

D+122

자기야, 어떤 말로 널 설명할 수 있을까.

창백하고 아름다운 대지에 숨겨진 백색의 몸. 갈라진 근육 사이로 샘이 흐르고 감마의 꿀이 솟아나는 차가운 언덕. 뺨을 대면 꽃잎이 키스하는 묘한 꽃동산. 태어나지 못한 수많은 단어가 지형마다 넘쳐나는 곳. 이를테면 예감이 쏟아지는 땅. 어릴 적 유리 천장을 오래 보았어. 입김을 불고 손가락으로 북두칠성 손잡이부터 아르크투루스를 지나 스피카까지 축축한 선을 그리는 걸 좋아했거든. 봄의 대곡선 앞에서 나는 그리운 사람을 휘어서 새겨놓곤 했어.

자기를 찾으려면 예측이 필요해. 별이 엉성하게 모인 하늘을 보다가 몇 번이나 고개를 돌렸지. 네모난 컵 안에 자기는 없었어. 처녀의 어두운 발이나 다른 쪽 발을 살펴보다가 유성 페티시를 가졌다고 오인받던 기억이 생생해. 그런 자기를 목 부근에서 발견한 건 우리가 같은 생각을 하기 때문이어서 그래. 모두 잠이 들면 우리는 어디로 가는 걸까. 긴 목만큼 자기와 어울리는 건 없어.

그러므로 자기야, 곡선을 따라 영면에 빠졌다는 얘기 들었어.

흰우리산카요우가 가득한 몸을 설명하지 않아도 좋아. 흰 꽃이 만개한 행성의 겉면만 봐도 알 수 있거든. 삼킬수록 투명해지는 잎이 날리고 있어. 멀리서 보면 설원에 가깝지. 따뜻한 눈이 내리는 것인지 나비가 내리는 것인지. 신기루와 같은 풍경에 한낱 고전으로 남은 뻔한 문장을 써두기로 해. **내가 나비인가, 나비가 나인가.**

D+129

 타인의 꿈을 넘나드는 나비에 대해 들은 적 있다. 영험한 행성과 흐릿한 땅에서 발견된다는 오네이로이상제나비. 차원의 세계를 탐구했던 날은 헛되지 않았다. 유년 시절 천계도감을 끼고 살던 이유는 언젠가 떠날 은하가 목적이었다. 그렇기에 패키지로 끊은 싸구려 여행사를 원망할 수 없을 만큼, 우주 미아가 되어 길을 잃게 한 천체에 등을 돌릴 수 없을 만큼, 우연이 겹친 이곳이 마음에 든다. 내가 자란 행성의 언어를 빌려 이 별은 봄철 아름답기로 손꼽히는 이중성 중 하나다. 해쓱한 표정을 한 땅과 내 몸을 휩싸는 수많은 나비라니. 깊은 꿈에 빠져도 이상하지 않을 곳에서 아득한 몸을 누인다.

잠깐. 눈을 번쩍 뜬다. 어딘지 싸한 느낌이다. 누운 상태로 주머니에 손을 넣는다. 상비약 상자를 꺼낸다. 몇 개의 물약 성분을 확인한다. 어디서 봤지. **※과다 복용시 환각 증상이 우려됩니다. 장기 복용시 깨어나지 못하는 잠을 동반할 수 있습니다. 반드시 주치의와 상의하십시오.** 한 캡슐 이상 팔지 않는 신경통 약에 쓰인 글을 읽는다. 어디서 봤더라. 성분. 긴숲더듬이꽃, 호수성단대롱나무, 흰우리산카요우.

흰우리산카요우, 그리고 오네이로이상제나비? 몸을 일으켜 방금 누웠던 자리를 본다. 미처 나를 피하지 못한 나비 몇 마리가 부서져 있다. 그리고 깨진 날개 사이로 파노라마가 넘실거린다. 몇 개의 이야기가 뿜어져나온다. 허공에 펼쳐진 잠. 물살에 쓸린 누군가의 몸이 흔들린다. 익사하는 꿈인가. 물기가 튄다. 찝찝한 물비린내가 번진다. 몸을 닦는다. 무중력의 꼬리를 남기며 본체가 사라지는 중이다. 사방에 번진 흰 꽃은 의료계에서 쉽게 구할 수 있는 꽃이다. 물론 소량으로. 잠시 망설이다 꽃을 한입 문다. 부드러운 질감도 잠시, 몸이 반투명해진다. 아찔해진 이마를 짚는다.

신경해부학에서 통용되는 이 식물은 자유자재로 스스로를 숨길 수 있다. 보이는 즉시 표시를 해두지 않으면 다시 찾기 힘든 꽃으로 유명하다. 토성의 띠를 이루는 운석 어디쯤 존재한다는 암시장에 관한 소문은 천계의 공공연한 비밀이다. 비싸게 밀거래되는 희귀성 광물, 생물로 유성 몇 개 정도는 거뜬하게 살 수 있다. 이 모든 꽃을 통째로 들고 간다면 산개성단 하나쯤 사는 건 문제없을 것이다.

행성의 질서가 흐트러지게 되는 날 심판이 내린다는 예언은 낡아서 아무도 믿지 않는다. 시간이 지나 팔을 문지르자 피부가 다시 혈색을 찾는다. 환상을 동반하는 흰 꽃과 꿈을 먹어치우는 나비가 공존하는 행성이라니. 그럼 그렇지. 이곳을 나가야겠어. 끝으로 접어드는 꼬리를 보며 블랙스미스의 수첩을 편다.

D+132

처녀자리의 목, 포리마

서늘한 성격. 결벽증이 있으니 흔적을 남기지 말 것. 생각이 많음. 직설적인 표현이 중요. 예민함. 보석함과 거대한 은하단을 소유. 수상한 솜브레로 은하. 사치스러움. 까다로움. 집착이 심한 편. 불면증. 감정기복. 60cm 흰우리산카요우의 재배지. 신기루 같은 하얀 몸. 어둠에 가까운 발. 오래 머물지 말 것. 누군가 나를 만진다. 부른다. 도망쳐.

필체가 급한 걸음을 대변한다. 뭐가 그리 다급했을까. 그리고 그를 만진 건 누구일까. 조금 걷다보니 완공되지 못한 우주

정거장이 보인다. 믿을 수 없다. 건축에 남다른 자긍심을 가진 블랙스미스가 뼈대만 앙상한 건물을 두고 떠났다니. 눈을 비빈다. 도대체 어떤 상황이었기에 파악하지 못한 행성을 그냥 지나쳤을까. 포리마가 원시의 색이 짙은 이유는 그래서였나. 근처 위성이 안개 낀 하늘을 돈다. 가깝게 위치한 별을 다이아몬드 문양으로 이어본다. 끝없이 펼쳐진 하얀 행성에 대해 조금 더 알아봐야 할 것 같다.

D+138

 자기야, 내가 태어난 곳은 대평원이 많아. 맞아, 여기와 비슷해. 바빌로니아인은 행성이 운명을 결정한다고 믿었거든. 태어난 일자와 천체의 움직임으로 아이의 일생을 판단했어. 나의 모성에선 태양이 지나는 길목에 자기가 있다는 것까지가 정설이야. 알아, 우습고 오만한 생각이지.

 허나 어쩌겠어. 자기가 페르세포네 신화로 존재하는걸. 그렇다면 처녀의 컵, 처녀의 다이아몬드에서 나온 빛 말이야. 사실 보석함에 없는 거지. 그곳은 사랑하는 소년을 담아둔 함일 테니.

D+144

 며칠 포리마의 오해를 푸느라 진땀을 뺐다. 경계가 심한 행성은 말이 끝나기가 무섭게 제 몸에 난 흰 꽃을 모두 숨겨버렸다. 나는 소년을 훔치러 온 게 아니야, 결백해. 따라붙은 말에도 불구하고 일시에 대지가 검은 뼈를 드러냈다. 캄캄한 밤이 내렸다. 예민하고 감정 기복이 심하다는 수첩 속 글씨에 왜 동그라미를 치지 않은 걸까. 블랙스미스의 경고를 잊은 대가는 섬뜩했다. 갑자기 어둠이 된 백색의 포리마에서 나는 한참을 서 있었다. 처음부터 이 모든 것이 환각은 아니었을까. 우선 행성의 기분이 나아질 때까지 기다리는 게 좋겠어.

 보석함은 어디 있을까. 깊은 남쪽의 별 무리를 보자 문득 생각이 스친다. 수많은 은하를 가진 처녀자리가 가장 아끼는 것을 숨기는 곳. 내 짐작이 틀리지 않길 바란다. 솜브레로 은하를 보며 중얼거렸다.

나는 아도니스를 훔치지 않아.

D+148

 포리마, 당신은 대지와 곡식의 딸, 그러면서 지하 세계의 반쪽이야. 보석함에 가둬놓은 소년에게 마음을 뺏기다니. 이승의 생기로운 소년을 곁에 두고 싶었던 거지. 몸에 소년과 닮은 꽃을 심고 나비를 불러들인 치밀함에 박수를 보내. 이승과 저승의 경계, 혹은 코마 상태. 그러면서 환생을 기다리는 영혼이 머무는 공간을 완벽하게 만들어낸 것이지. 환각은 무수한 신기루를 만들고, 신기루는 또다른 환각을 만들어냈을 거야. 블랙스미스가 정거장을 짓다가 도망친 이유도 알 것 같아.

 오네이로이상제나비 말이야. 타인의 꿈에서 알을 낳는 무서운 나비. 사실 수많은 혼백이 섞여 있겠지. 물론 나의 전생과

후생도 다채롭게 날아다녔을 테고. 흥미롭지만 균형과 조화를 이루는 이 행성에 내가 있어야 할 이유가 없어.

 그러니 자기야, 떠날 수 있게 도와줘.

D+149

박물관에서 봤던 고대 사원과 석상이 기억난다. 빛의 부스러기로 어깨를 빚었으리라. 흰 뺨과 부유하는 눈동자. 속눈썹이 가지런하다. 백색증을 앓는 듯 하얀 털이 반짝인다. 깜박거릴 때마다 몸이 투명해졌다가 돌아온다. 앞에 있는 존재는 인간이라기엔 온전하고 신으로 보기엔 간결하다. 나도 모르게 안부를 묻는다.

아도니스.

소년이 활짝 웃는다. 꽃잎이 건강한 질감으로 뿌리를 뚫고 올라온다. 소년과 나의 주변이 환해진다. 나비가 주위를 에워

싼다. 길이 만들어진다. 위성이 빠른 속도로 자전하고 흐릿했던 하늘이 걷힌다. 포리마, 당신이 이렇게 즐거워하는 건 처음 봐. 변덕스럽긴. 소년이 천천히 걸어온다. 가까이서 보니 뜨거움에 녹아내릴 것 같다. 서늘한 행성이 소년을 강렬하게 품고 있다. 심장 모양의 갈라진 잎사귀가 두근거린다. 부드러워 보이는 머리카락은 필시 스피카의 뜨거운 빛으로 짰을 거야.

 손을 잡는다. 소년이 사라진다. 그리고 그 자리에 건네진 지도를 쥔다. 순간, 휘몰아치는 나비와 투명해지는 행성. 소년은 나비가 되어 날아간다.

궁수자리

오만한 현자와 거룩한 반인반수의 땅

D+150

 청색이 무성하다. 나무는 기후를 견디는 방식으로 긴 목을 택했다. 오로라빛 광물이 주변에서 번들거린다. 열매는 껍질이 터질 기세로 색을 내고 있다. 얇은 막을 건드리면 과육이 속을 드러내겠지. 이파리에 손금이 선명하다. 가만히 손을 잡아본다. 식물의 일생이 전해진다. 겉보기등급의 속성처럼, 나무는 보기와 다르게 아직 몇 해 살지 않았다. 초록 혈관을 짚다가 식물의 일대기를 더듬는다. 생장력이 놀라울 정도다. 이곳은 식물 행성인 것일까. 내가 만진 식물이 화학전쟁을 일으키는 사나운 종류라면 숨을 크게 쉬는 행동은 자제해야 한다. 알레르기로 죽을 때까지 몸을 긁어야 한다거나 가스가 혈관까지 전이된 채 폐가 터질지 모르기 때문이다. 우주 미아도 괜찮고 블랙스미스의 수첩이 있다면 행성을 떠도는 삶도 썩 나쁘지 않다고 생각한다. 천체 몇 개를 지나면서 특별해진 것 같은 기분이 든 것도 사실이다. 그러나 형체를 알아볼 수 없는 사체가 결말이라면 곤란하다. 급하게 코를 가린다.

 어떤 행성에는 말하는 식물이 있다. 몇만 파섹의 주름을 가진 나무는 이동할 수 있는 뿌리를 가진다. 언어가 과도하게 발달된 식물 행성에선 예언이 깃들기 쉽다. 고대 행성은 그만큼 희귀하고 섬뜩하다. 어느 날 별자리가 이유 없이 파멸되었다는 소식이 들리면 본능으로 직감했었다. 문장력이 뛰어난 식물의 소행일 거라고.

 그때 멀리서 소리가 들린다. 세상이 파동을 일으킨다. 열매가 무더기로 떨어진다. 껍질이 으깨진다. 달짝지근한 냄새가 퍼진다. 보아하니 술을 만드는 액과다. 나무 뒤로 얼른 몸을 숨긴다. 다가오는 물체를 보니 절로 몸이 굳는다. 반인반마의 생명체가 지축을 흔든다. 다가오는 활동이 괴기스럽게 크다. 꼭 가죽에 갇힌 인간을 보는 것 같다. 섬유질을 뚫고 나온 신체가 기이하다. 나는 잠시 숨을 멈추고 떨어진 알맹이를 줍는 무리를 본다. 무리는 바구니를 들었다. 쉴새없이 쫑긋거리는 귀가 보인다. 진화가 덜 된 짐승은 인간에 가깝다. 말의 머리를 잘라 신체에 붙인 것 같다. 머리와 몸을 다른 눈으로 번갈아 본다. 이질적인 생명체는 과육을 담는 일에 열중이다. 들춰진 다리 사이에 오래전 퇴화한 생식기가 붙어 있다. 원초적인 모양을 지녔다. 저런 걸 어떻게 달고 다닐까. DNA로 교배하는 방식을 고안해낸 학자에게 경의를 표한다.

 다시 주변이 진동한다. 몸을 더 움츠린다. 새로운 무리는 한껏 다양한 모습이다. 팔이나 발만 달려 있거나 귀나 척추, 눈, 코, 머리카락만 인간의 것인 짐승이 많다. 추측건대 완전한 말, 혹은 무결한 인간은 없다. 기형적인 반인반수 집단이 팔을 흔들며 지나갈 때까지 나는 나뭇가지를 두르고 나무인 척했다. 발굽에 밟힌 과육이 강한 향을 뿜지 않았다면 들켰을지 모른다. 유기신이 섞인 열매가 기포 소리를 내준 덕분에 숨을 숨겼다. 저린 근육을 편다. 최음 효과가 있는 알맹이가 짓이겨져 사방에 퍼져 있다. 대기가 무겁다. 숨쉬기가 버겁다.

D+153

궁수자리의 겨드랑이, 아셀라

현자, ~~포악함~~, ~~거칠고 천한 본성~~, 음악과 예언이 취미, 애주가, 난봉의 기질이 다분함, 호색적인—구름이 잉태한—말을 기름, 공손한 말투로 접근할 것, 영역이 밀려나는 중, 먼 과거 오르트 구름을 흔들었을 것으로 예상, 님프의 피가 흐르는 식물을 조심할 것, 불사의 몸을 양도함, 공정함, 다수의 성운을 지님, 순차적이고 복잡한 심성, 검고 흰 행성으로 바둑을 두는 기하학적 취향, 숫자에 밝음, <u>탄생이 탄생하는 곳</u>, 어쩌면, (남두육성,)

D+155

 동화가 오역임을 깨달은 건 도서관 안쪽 깊은 책장에 꽂혀 있던 책을 본 뒤다. 사실상 외계의 번역문학이라고 여겨도 무방한 것이 동화였다. 탐스러운 머리카락을 가져야 하는 인어가 아가미를 끔벅거리는 반인반어라는 사실. 주인공을 도와주는 요정이 신비로운 조력자가 아니라 주름이 가득한 절지동물에 가깝다는 것. 캔디 우로스의 비율이 완벽한 경우는 드물어서 삽화로 끼워진 반인반마는 돌연변이에 가깝다는 것을 알게 되었을 때의 충격이 되살아난다.

 반인반수의 원형이 되는 행성에 있다니 소름이 돋는 동시에 짜릿하다. 애완으로 키우는 범위는 설치류 정도였다. 그마저도 온순한 것은 없었다. 어려운 용어로 대중을 설득하는 일은 실패에 가까웠다. 대부분 피가 뒤섞인 것은 뭐든 한성질 한다는 결론을 내렸다. 그럼에도 인기가 많아서 쉽게 구매할 수 없었다. 반인륜적인 행위라는 규탄과 함께 대대적인 시위가 벌어지기 일쑤였다. 그들이 여기에 온다면 어떤 반응을 보일까. 교미하는 것을 보면 구역질을 할지 모른다. 어쩌면 원시적인 행위에 매료되거나 퇴화의 영역에 들어설지 모르는 일이다. 밤하늘을 거대한 동물이라 여겼던 검은 피부를 가진 부족처럼.

난폭한 생명이 사는 것치고 밤이 고요하다. 은하를 동물의 등뼈라거나 용이라 여겼던 이야기에 코웃음쳤던 지난날을 반성한다. 이곳까지 오게 되니 무엇을 믿어야 할지 모르겠다. 과거의 인류는 상상력이 풍부한 것이 아니라 태어날 시기를 잘못 고른 미래의 초현실주의자는 아니었을까.

무릉도원으로 가는 지도를 은하에 새겼다던, 어느 멸망한 나라의 전설이 정설이 된다면 오네이로이상제나비가 잘못된 전생을 선택한 것이라 믿겠다. 북두칠성과 남두육성이 앉아 바둑을 두는 곳이 이곳이라면 정말 어쩌지.

D+163

 행성이 그를 숨겨두고 있다. 며칠째 같은 길을 반복해서 걷는다는 걸 뒤늦게 알았다. 서늘한 협곡과 위성이 박혀 있는 바위산을 지났다. 다음엔 꺼져버린 언덕이 기다리고 있으며, 곧이어 붉은 켄타우로스의 땅과 화살잎사귀 산맥을 따라간다. 그리고 한참 걸어 다시 차가운 골짜기를 헤매는 것이다.

 일은 수상한 피랑에서 벌어졌다. 굉음으로 땅이 흔들리자 내전이 터진 것을 직감했다. 이곳의 성목星木인 화살나무는 빈 가지로 휑했고, 급히 딴 화살이 반쯤 부러져 나무에 볼품없이 걸려 있었다. 간혹 보이는 어린 잎사귀는 만질 때마다 움츠러져 상황을 전달해주었다. 몇 개의 부족이 영역을 두고 휴전중이라는 것. 부족의 결합은 모계나 목적을 따르는 것이 아니라 생김새로 이루어진다는 것. 그리고 전쟁이 곧 시작된다는 것.

D+168

 다리만 인간인 짐승 부족이 아찔한 높이에서 내려오며 소리를 지른다. 동시에 팔만 인간인 짐승 무리가 창을 휘두르며 맞선다. 이족보행이 가능한 다리부족은 능숙한 걸음과 재빠른 판단으로 팔부족의 약점을 파고든다. 그러나 팔부족 진영에서도 중심이 갈라지며 풀숲에 숨어 있던 짐승이 튀어나온다. 단단한 어깨를 가진 이들은 화살을 퍼부으며 적을 공격한다. 정신력이 강하고 호전적인 다리부족과 용맹하고 영험한 팔부족의 전쟁은 쉽게 끝날 것 같지 않다. 바구니에 과일을 담던 온순함은 어디로 간 것인지 이 행성을 에워싼 나무의 색과 똑같은 혈액이 곳곳에 튀어오른다. 후들거리는 몸을 이끌고 빛이 강한 오로라 바위로 숨어들었다. 그때 다리부족의 짐승이 팔부족의 팔을 거칠게 물어뜯는다. 처참한 소리에 머리를 감싼다. 오싹한 기운에 고개를 드니 팔을 질겅거리는 말과 눈이 마주친다. 비명도 지르지 못하고 거친 피랑을 뛴다. 살이 베일 것 같은 말갈기 소리, 목을 조르는 발굽소리가 점점 가까워진다. 딱딱거리는 짐승의 어금니가 귓가를 스쳤을 때 다리에 힘이 풀렸다. 절벽을 잘못 짚으며 굴러떨어진다. 배에 알싸한 통증이 전해진다. 길게 뻗쳐 있던 나뭇가지에 나는 반으로 접혀 걸린 것이다. 겨우 눈만 들어 위를 보자 짐승이 얼마간 서성거리다가 이내 귀를 세우곤 떠난다. 매달린 몸을 일으켜 나무 기둥을 타고 내려가다 속도를 이기지 못하고 기절한다.

D+169

 구름과 몸을 섞는다. 몽환적이고 따뜻한 기분으로 뭉게뭉게 집단 성교를 한다. 구름은 반인반마를 잉태한다. 구름이 말이 된 것인가. 말이 구름을 낳은 것인가. 생각이 가능해지자 꿈이란 걸 깨닫는다. 거칠 것 없이 초원을 달리기 시작한다. 평야를 가르는 속력이 얼마나 빠른지 빛이 몇 광년 뒤처진다. 깊은 물이 샘솟는다. 이 색감은 내 모성의 것이다. 태평양이 생각난 건 오래전 키우다 죽어버린 목마의 이름이었기 때문이다. 바다를 달린다. 물거품에서 인어가 노래를 부르며 태어난다. 다시 하늘로 오른다. 음계를 짚는 목소리가 동시에 오른다. 예언나무를 잘라 만든 오르골 소리다. 검은 행성과 흰 행성을 손가락에 끼우고 수를 두는 케이론이 보인다. 눈이 마주친다.

D+172

"기다렸네."

오르골이 웅장하다. 아직 꿈을 꾸는 중일까. 완벽한 비율을 한 켄타우로스가 보인다. 행성에서 봤던 어떤 반인반마보다 거대한 몸을 하고 있다. 청색의 대리석으로 이루어진 이곳은 행성을 압축해놓은 신전 같다. 긴 수염을 만지며 바둑을 둔다. 팔 근육이 움찔거린다. 그보다 나를 기다렸다고 한 건가. 야생의 짐승에게 몸이 분해되지 않으려고 열심히 달린 게 기억의 끝자락이다.

"초대가 거칠었던 걸 이해하게."

위압감에 허리가 저절로 숙여진다. 그러다 몇 번이고 입안에 굴리던 질문을 한다. 식은땀이 흐른다.

"감히 말씀 올립니다. 당신은 케이론에 가까우십니까, 남두육성으로 불리십니까."

"나는 명명만 바뀐 채 오랜 시간 존재해왔지. 지금은 그저,"

적당한 단어를 고르지 못한 듯 흰 알을 몇 초 쥐고 있다. 그러다 곧 관리자로 쳐주게, 하는 말이 따라 나온다. 스스로를 호기심에 죽을 놈이라고 여긴다. 설령 그렇다고 해도 나는 다시 질문한다.

"그렇다면 당신은 어떤 영역에 계십니까."

"영역?"

당돌하다는 듯 웃는다. 수염을 몇 번 만지다 말을 잇는다.

"어느 구름에 비 들었을지 모른다는 말이 있네. 치유, 술, 음악, 블랙스미스, 구도, 수학, 표면. 내가 속하지 않은 것이 있을까. 내가 자리 내린 아이야, 자네를 원하는 곳에 데려다줄 수는 없네. 그분이 하시는 일을 나도 알지 못하니. 참, 나는 예언자가 아닐세. 그저 예언을 따르는 입장이지. 자네의 모든 환상과 의식이 자네를 이곳으로 이끈 것이지. 그보다 내게 필요한 것이 있을 텐데. 별자리의 자리를 마련하는 일도 불사의 몸도 모두 양도했다네. 하나씩 내려두고 있지. 수명을 부여하는 일보다 요즘은 과실을 수확하는 일이 낫다네. 이렇게 술도 만들고. 한잔 받을 텐가."

D+179

"모든 것이 지치는군. 가져가게."

마지막을 곱씹는다. 그의 말엔 아쉬움이 없어 아쉬웠다. 무한의 영역에서 그에게 며칠은 찰나였으리라. 북두칠성이 아닌 어떤 것과 대화하는 건 오랜만이라는 말에 고개만 주억거렸던 나를 생각하니 피식 웃음이 난다. 고집 센 그 친구를 만나거든 안부나 전해달라던 그의 목소리가 오르골 뚜껑과 함께 닫힌다. 멀리 검은 행성과 흰 행성이 만개한 구상성단이 번갈아 깜박인다. 운명이 바뀌고 있다.

백조자리

은하를 건너는 밀서와 쏟아지는 알타이르의 새

D+180

백조자리의 심장, 사드르

고온다습한 혈관, 천진한 필체, ~~날씨를 예보하는 버릇~~, 변덕쟁이, 계절에 가까운 말투, 종이접기에 능한 손, 다재다능, 상상력이 뛰어남, 신비로운 신체(예를 들면? 다리), 거대한 은하 대교(구름다리)를 끼고 있음, 수목원을 보유, <u>X선을 뿜는 목</u>, 비명을 지르는 나선형 소각로, 이방의 감정을 껴안는 품을 가졌음, 혼혈, 다수의 성운과 연결된 편지, 스펙트럼 **우체국**, <u>기다림에 익숙한 체질.</u>

종이가 내린다. 하늘에서 떨어지는 편지는 스콜에 가깝다.

모서리에 뺨이 베인다. 피할 곳이 필요하다. 땅을 오린다. 우산을 갖게 된다면 투명하거나 일회용인 게 좋겠어. 속이 읽히는 건 버려지기 쉬우니. 버린 것과 버려진 것 사이에서 고민한다. 퇴적층 부분은 손잡이가 된다. 쌓이는 문장은 얇은 지층으로 변한다. 잉크가 마르지 않는다. 살아 있는 글씨가 손바닥에 묻는다. 기분이 눅눅해진다. 시간이 지날수록 얼룩이 넓어진다. 피부가 변형되거나 백반증에 걸린 감정이 나를 삼킬 것 같다.

 폭우다. 멈출 생각이 없는 빳빳한 종이는 속도가 빠르다. 땅으로 떨어지는 순간 편지는 꽃으로 변한다. 필체와 닮은 꽃이 핀다. 발이 젖지 않으니 다행이야. 그럼에도 무지개를 기다리는 무기력한 종이가 된다. 빳빳함을 잃는다는 건 천성이 나를 외면하는 일이다. 나는 종이우산을 든 종이인간이 된다. 단단한 비가 내리고 있다.

D+187

내가 자란 곳에는 계절을 예측하는 기관이 있었다. 인류가 하는 일이 대개 그렇듯 오류가 빈번하게 일어났다. 어쨌거나 예보를 받은 행성엔 차가운 비가 간헐적으로 내리곤 했다. 비는 퀴퀴한 냄새를 동반했다. 냄새를 찾다가 발견한 중세 사전에서 '흙'이라는 단어가 반복 등장했다. 나는 그것을 흙냄새라 단정했다. 사라진 종의 추상적인 냄새가 나다니. 비가 내리는 날은 나의 행성이 멸종한 흙을 그리워한다는 증거다.

그러나 사드르에선 흙냄새가 나지 않는다. 비릿한 날것의 냄새가 풍길 뿐이다. 편지를 피해 종이새가 날아다닌다. 그리고 내용이 떨어지는 자리마다 꽃이 핀다. 풍성한 꽃밭과는 대조적

이게 모서리덩굴이 대지를 에워싸는 장면을 목격한다. 어떤 감정이 내리느냐에 따라 생물의 품종이 결정되는 종이행성에 도착했다.

편지에는 천체의 마크가 찍힌 복사선 우표가 붙어 있다. 수많은 봉투에 누가 담겨 있을까. 출처가 불분명한 종이새는 항성풍을 타고 온 듯 보인다. 어떤 행성으로부터 출발한 편지일까. 남의 일기를 훔쳐보는 일은 몰상식하지만, 이곳엔 나 혼자다. 또 엄연히 따지면 편지는 일기와 성질이 좀 다르지 않은가.

D+188

(떨어지는 편지)

알타이르, 오늘은 기르던 새가 죽었어요.

마땅히 날개를 씻겨줄 곳이 없어 서성거렸어요. 서늘한 몸이 운석 부스러기 같아 이중성 너머, 사체를 던져도 좋을 것 같았어요. 그러다 도돌이표에 묻어주기로 했어요. 새의 영혼이 밤을 헤맬 때 악기를 켜 길을 열어둘 거예요. 당신이 찾아올 오선지를 함께 그리는 거지요. 은하는 아름답지만 기이한 곳이죠. 보이지만 닿을 수 없으니까요.

그러니 알타이르, 새장을 열어두세요.

펠리온산 숲의 산장과 당신의 체온을 기억해요. 무수한 새를 밟고 만난 날, 모든 계절이 해방을 맞았다지요. 철새는 더이상 떠나지 않았고, 우리는 손을 잡았어요. 하루는 길죠. 아몬드나무의 장작을 태우면 모닥불에서 고소한 냄새가 났어요. 당신을 비추는 그림자가 아까워서 음영을 한참 바라봤어요. 그러면 당신은 그림자에 더 가까워졌었죠. 우리, 반나절은 펠리컨성운에서 날아든 새를 빗기며 보냈어요. 기억하나요? 떨어진 깃으로 펜촉을 만들었죠. 그리고 밤하늘에 당신과 나의 거리를 잰 지도를 그렸어요.

눈을 맞추는 순간 날아가는 새, 그리고 당신.

부디 알타이르, 에리다누스강에서 맺은 언약은 잊기로 해요.

언젠가 돌고래자리에 가는 날을 기다렸어요. 블랙스미스에게 부탁해 물살로 이루어진 집을 지어준다고 하셨지요. 그런데 있잖아요, 그런 건 상관이 없어요. 언약이 세상으로 나온 순간

집은 지어진 거예요. 혹시 내게 답장 한 통 보내지 않는 이유가 완공되지 않은 바다라거나 면목이 없다는 부류의 것이라면 나는 정말 괜찮아요.

알타이르, 알타이르.

말을 갓 배운 꽃 한 송이 동봉하며 안부를 보내요.

D+189

(날아가는 종이새)

베가, 그대를 가두려다 내가 갇혀버린 계절을 생각했소.

황폐했던 대지에 산이 생기고 마른 협곡은 어느덧 폭포가 되었소. 그럼에도 형벌은 끝나지 않고 그대 소식마저 알 수 없으니 오래전 바위에 묶여 있던 사내의 심정이 이러했을까 싶소. 이런 마음이었다면 그에게 살을 파먹는 독수리 따위 보내지 않았을 거요.

베가, 맹세했던 돌고래자리에서의 일도 잊은 것이오?

나는 매일 갈라지는 마음을 다잡는 중이오. 그리고 온갖 종류의 새를 접고 있소. 그대에게 보낸 새를 잘 보시오. 그 옛날 태양의 해방이 찾아왔던 수십 세기 전, 우리가 밟았던 새떼의 모양을 빼닮지 않았소.

어딨는 거요, 베가. 은하의 흐름 하나 읽지 못하는 내가 원망스럽소. 이곳을 지나면 펠리컨의 깃으로 그려두었던 밤하늘이 나올 텐데. 이상하게 내가 접은 새는 멀리 날지 못하오. 종이새는 본분을 잊은 것인지, 넣어둔 감정이 무거운 탓인지 당최 알 수가 없소.

베가, 세번째 초신성이 폭발한 날 보냈던 고리성운과 면사포성운은 살 딩도했는지 모르겠소. 애먼 곳으로 보낸 것은 아닌지 걱정이 이만저만 아니오. 유성이 몸을 던지는 에리다누스강으로 간 것은 아닌지, 그리하여 지하세계로 흘러들어간 것은 아닌지, 그러면서 그대에게 잘 당도했으리라 막연하게 여기며 나를 붙들고 있소.

그러니 베가, 안부만 알려주오. 형벌은 달게 받겠소.

D+196

 서로에게 가야 할 편지가 왜 도착하지 못했지? 어째서 엇갈리고 있을까. 사드르에 흩날리는 모든 종이가 엉뚱한 곳으로 흘러들고 있었다. 순간, 천계도감이 기억을 스친다. 알타이르와 베가가 만나는 중간 지점을 연결하면 백조의 심장, 이곳 사드르에 멈춘다. 그리고 세 개의 행성을 연결하면 거대한 삼각형을 이룬다. 편지가 이곳으로만 쏟아지게 된 이유가 어딘가에 숨겨져 있을 것이다. 블랙스미스의 수첩을 다시 편다.

D+205

별은 많은 것을 숨겨두고 있었다.

 강력한 X선을 뿜는 목, 그리고 소각로. 은하가 가렸던 것은 백조자리 목 중간쯤 위치한 블랙홀이었다. 종이새와 종이꽃이 긴 목을 타고 이곳으로 빠지고 있던 것이다. X선이 유난히 높았던 건 비명을 질러댔던 종이 때문이었겠지. 베가와 알타이르의 종이는 시간이 지날수록 감정을 수반하느라 무거워졌을 것이다. 블랙홀을 거치며 태워진 편지의 양도 상당할 것인데, 이 편지가 모두 그들의 것일까. 숲에 있는 싱그러운 식물을 접어야겠다. 서로를 서로에게 보내야겠다. 여기서 은하의 위치를 날치기하듯 기록해둔 것이 도움이 될 줄이야. 더이상 편지가 엇갈리는 일은 없을 것이다.

D+211

며칠이 지나자 사드르에 종이가 그쳤다. 잦아든 언어를 피해 베가와 알타이르에게서 지도가 도착했다. 깊은 밤엔 행성이 바스락거린다. 양피지는 고요한 바람을 일으킨다. 은하 너머에서 태어나는 별과 사라지는 별을 본다. 나는 다음 행선지를 고른다. 발신자 몰래 편지를 읽는 몰상식한 행동을 취하며. 스펙트럼 종이가 적당한 빛으로 내린다. 덕분에 우산을 쓸 필요가 없다. 행성을 오리지 않아도 된다.

〈안녕, 잘 지내는 거지.〉

〈무소식이 들리면 무소식을 보내야겠다.〉

〈봄이라는 네 이름 좋아했어.〉

〈훗날 네게만 말해줄게.〉

〈더 깊은 잠을 자도 돼요, 당신.〉

쪽지를 몇 개 잡는다. 이해되지 않던 감정이 이해되는 순간이 있다. 그러나 이유 모를 감정이 함께 번진다. 조금 울어도 누군가 용서해줄 것 같다. 양지바른 언덕에 쪽지를 심는다. 글자는 곧바로 색을 내며 나무가 된다. 전하지 못한 감정을 대변하는 쪽지의 행성. 땅에 닿자마자 숨을 갖는 신비로운 언어들. 발신자가 만들어낸 추상명사가 자라는 땅. 그리하여 당신에게 당도하지 못한 편지가 쏟아지고 있다.

뱀주인자리

재생되는 낮과 밤, 아스클레피오스의 백사

D+212

베가와 알타이르에게서 온 두 개의 블랙홀양피지를 받고 생각했다. 누구의 매듭을 풀어야 할까. 지도는 파충류의 비늘처럼 각도에 따라 빛을 달리했다. 보호색이라도 두른 것일까. 종이를 펼쳤다. 까맣게 뚫린 곳에서 바람이 일었다. 꾸역꾸역 주변을 삼키는 검은 점을 보자 정신이 몽롱해졌다. 그때였다. 뾰족한 홍채가 나타난 선. 놀란 손이 까무러쳤다. 지도를 놓쳤다. 하필 펼쳐놓은 베가의 지도 위로 겹쳤다. 순간, 지도는 멀어졌다가 서로를 당기기 시작했다. 먹이를 무는 짐승의 형상이었다. 가까워지기 위해, 혹은 멀어지기 위해서 검은 점 두 개가 입을 벌린 채 달려들었다. 종이의 표피가 비늘같이 번들거렸다. 저러다 소멸하고 말겠어. 지도가 서로의 모서리를 물어뜯었을 때 손에 잡히는 광물을 던졌다. 무엇인지 모를 두 마리가 동시에 나를 돌아봤다. 오래전 가지런한 검정을 본 적 있다. 저런 밤이 내게 있었던가. 입을 벌린 채 다가오는 양피지가 사드르에서의 마지막 기억이다.

 몸이 빨리다못해 짜이는 기분이었어. 연필을 쥐기까지 시간이 걸렸다. 수분이 빠져나가는 고통이 선명하다. 어째서 지도가 주체적으로 움직였을까. 날카로운 동공은 누구의 것이었지. 그리고 나를 이곳으로 이끈 이유는 무엇일까.

D+219

땅꾼의 머리, 라스알하게

 명의名醫, 교묘하지만 올곧은 천성, 태양의 피를 물려받음, 영리한 내면, 순한 혀를 가졌음, 호기심, 독이 담긴 작물; 함부로 취식하지 말 것, 산란기, 알 조심, 하늘에 떠 있는 파충류 눈알들, 허물과 껍질, **실재와 허상**을 구분하는 눈, 재생, 치유, 냉정하고 다정한 손을 가짐, 도망가는 바너드별―흙탕물에서 태어난 가이아의 자식, 아담의 첫 여자, 화산이 된 거인, 괴물들의 어머니―과의 관계, 그러나 구역에 들어간다면 꼬리를 내어주지도 밟지도 말 것, 감정을 여러 번 벗겨내는 곳.

푹신한 땅은 시원해서 뺨을 대기 좋았다. 서늘한 피부 같아. 하늘에 떠 있는 깜박이는 눈알이 없다 해도 이곳이 어디쯤인지 짐작할 수 있겠다. 생물 시간, 라스알하게의 근육 표본을 만졌을 때 그 뭉클거리고 질긴 섬유질로 이루어진 땅의 촉감을 잊을 수 없기 때문이다. 금방 독이 오른 신체로 몇 달을 고생해야 했다. 황달이 된 나를 보고 웃는 동급생들은 순수한 마귀 같았다. 눈에 독을 가둔 나는 거울을 보지 못하고 움츠러들었다. 이러다 기어다니면 어쩌지. 몸이 허물을 벗어버리면 어쩌지. 그러면 나는 사라질 것 같은 팔이나 다리에 상처를 내며 존재를 확인받았다. 벌어진 몸은 얼룩을 얻었고, 기이하고 다정한 문양으로 그곳에 밤이 스며들었다. 외로울 때마다 틈을 벌려 조금씩 밤을 핥았다. 더이상 외롭지 않았다. 단지 라스알하게가 기르는 뱀이 되면 어떡하나, 라는 언어의 허물을 병실 아래 잔뜩 깔아두었다.

 베가와 알타이르는 나에게 뱀자리 머리와 꼬리 부분에 해당하는 지도를 건넸다. 합쳐진 블랙홀 파편이 뱀자리의 중심인 라스알하게로 이끈 것이다. 스스로 꼬리를 문 요르문간드를 생각해보면 지도가 어째서 서로의 모서리를 향해 달려들었는지 이해가 된다. 찢긴 블랙홀에 들어간 것치고 빠른 속도로 몸이 회복되고 있다. 조금 걷기로 한다.

D+224

 릴리스의 언덕은 선악善惡나무를 포함한 다양한 종의 우림으로 범람한다. 병과 비애를 알게 하는 능금, 환락과 노여움이 성분인 가시나무, 기억착오를 일으키는 버섯이 주를 이룬다. 쾌감과 상실을 깨닫는 과실은 아직 맺히지 않았다. 허무의 꿀을 보듬은 보라색 꽃이 사방으로 환하다. 과수원에선 금단의 향기가 난다. 근처에 머무르는 동안 뱀눈그늘나비가 집단으로 교배를 하는 모습이나 날개를 스스로 떼버리는 행위를 본다. 감정을 서툴게 배운 곤충이 쉽게 허무주의에 빠지는 것이다. 바다에 떨어진 과육은 달큰한 즙과 함께 으깨져 있다. 엎드려 마시고 싶은 충동이 든다. 여기를 지나치지 않는다면 나도 팔과 다리를 떼버리고 말겠지. 분리된 신체를 보고 누군가 쾌락주의

자, 혹은 니힐리스트쯤으로 취급하게 된다면 내가 흘려보낸 무수한 밤의 허물은 어디에 묻어야 할까.

  날개를 줍는다. 주머니에 넣었다. 나는 투명하고 우울하게 벗겨진다. 릴리스, 당신은 아담의 첫 사람이지. 순수한 사람은 상처와 가까울 수밖에 없는 운명을 지닌다. 의도치 않은 의도라는 순수, 아담의 배신으로 악마의 신부가 된 릴리스. 그녀가 인류에게 선악을 자각하게 한 건 아담의 의도치 않은 의도가 시작이었다. 나는 당신의 언덕이 말캉하다는 사실과 오래전 내가 삼킨 달에 대해 알고 있어. 목에 걸린 위성을 뱉다가 게워낸 절단된 감정이 나를 어이없이 쳐다보던 그 밤의 기억까지.

D+240

릴리스의 언덕을 벗어나 더 걷는다. 푹푹 꺼지는 땅은 살지고 부드러운 목 같다. 쉴 때마다 척추를 쓰다듬으며 땅을 길들이곤 했다. 뱀주인자리답게 행성에는 긴 몸을 가진 것이 많다. 실수로 밟지만 않는다면 뱀은 순종적인 편이다. 가끔 똬리를 틀고 나를 노려보면 적의가 없다는 몸짓으로 나는 바닥에 엎드린다. 어쩌면 이족보행보단 사족보행이 어울리고, 그보단 팔이 없는 편이 더 편하다. 쓸모없는 내 신체를 나비에게 달아주면 좋겠단 생각으로 종종 무기력해진다. 바닥에 누우면 오래 안겨보지 못한 나를 누군가 안아주는 기분이 든다. 그러면서 파충류의 눈알이 둥둥 떠 있는 위성을 헤아리며 잠에 빠진다. 깜박이는 눈이 일시에 나를 향할 때도 있지만 릴리스의 환각이 빠져나가지 않았던 것이라 짐작한다. 저 눈빛을 온전하게 마주보는 밤에는 환부를 벌리지 않아도 된다.

 백사가 말을 건다. 꿈이다. 깨고 나면 희미해지는 꿈. 태몽 같기도 하다. 내가 곧 보게 될 수만의 알의 꿈을 대신 꾼 것이라 여긴다. 알들은 껍데기에 싸여 있거나 속이 비치거나 혹은 비늘처럼 다각으로 색을 낸다. 간혹 참을성 없는 몇은 시기보다 빨리 깨기도 하는데 어미는 눈이 없는 제 새끼를 잘도 삼켰다.

D+246

 때때로 알에서 무엇도 나오지 않았다. 빈 내용으로 태어나거나 껍질 소리로 태어난 것을 보면 어쩐지 슬퍼졌다. 알은 슬픔인 게 확실하다 믿었다. 이제 때때로 내가 태어났다. 무엇이 실재인지 허상인지 헷갈렸다. 그럴 때면 흉터를 확인하거나 주머니에 담았던 얇은 날개를 만졌다. 주변은 흰 알로 가득했다. 불멸할 것 같은 미신에 사로잡혔다. 뱀처럼 몸을 말고 하루를 보내며 나는 완전하게 나의 품에서 외로움을 품었다. 행성을 포란한 짐승처럼 관능적인 뼈를 가지고 싶었다. 릴리스의 언덕으로 가는 길이었다. 신체를 모두 떼어내고 긴 허물을 벗으리라. 영생의 땅에서 빈 알을 낳아 나를 꺼내리라.

그때였다. 호수에 비친 나를 마주한 건. 어린 시절, 형편없던 그날의 얼굴이 보인다. 앞이 어째서 흐린가 했더니 눈에 독이 가득하다. 눈을 비비며 부어버린 손과 터져버린 피부를 확인한다. 탈각이 진행되는 육신이 비정상으로 부풀어 있다. 어지러움과 동시에 노랗게 독을 뿜는다.

D+259

 독을 뿜는 중에도 정신을 잃지 않았다. 커다란 뱀이 나를 삼킨 것. 그리고 물컹한 땅이 아닌 평소 익숙한 대지에 눕혀진 것. 송곳니에 몸이 찔린 것. 혈이 뚫린 자리마다 금단의 열매와 약초를 흘려준 것. 열을 앓는 며칠, 백사는 곁에 있었다. 알을 품었던 시간 때문인지 신열에 들뜬 것인지 나는 백사의 숨소리가 말처럼 들리기도 했다. 어리석다고 했는지 무모하다고 했는지 어쨌거나 비관적인 어투였다. 꿈에서 들은 적 있는 말투였다.

 발끈하는 마음이 생겼을 때 그는 이미 없었다. 몸을 털었다. 가뿐한 신체를 움직이며 매끈해진 팔을 본다. 조금 마르긴 했지만 썩 나쁘지 않았다. 정수리에 희미하게 얼룩이 남아 있다.

뒤를 보니 한 꺼풀 벗겨진 내가 보인다. 허물이 된 나였다. 그렇다면 나는 이제 무엇일까. 가까이 간 건 표정을 보기 위함이었다. 껍질로 남은 나는 편안한 얼굴이다. 찡그린 채였으면 아마 떠나지 못했을 것이다.

D+264

 땅을 딛고 제대로 본 행성은 기이하다. 낮이 탈피한 것은 강가에 쌓이고, 밤의 껍질은 숲속에 버려진다. 차곡차곡 복제를 만들어낸 행성은 환영을 보기에 적합한 조건을 갖췄다. 파충류의 눈알은 하늘에 점점이 박혀 자주 깜박거리고, 사실 그건 아주 빠른 속도로 이곳을 떠나는 바너드별이다.

 매일 산란기인 행성은 몹시 예민하고 감수성이 풍부하다. 우주를 떠돌면서 좋은 점 중 하나는 내게 허용된 검정의 폭이 넓어진 것이다. 검정은 뭘 넣어도 검정이어서 좋았다. 밤이라는 둥지와 알, 그 안에서 나를 꺼내어도 검정은 그저 고개 끄덕이며 제 색을 내는 데 열중할 것이다. 그것이 검정의 본성이므로.

내가 가진 가장 서정적인 것은 흉터였다. 그러나 라스알하게에 벗어두기로 했다. 그것이 기이한 이 행성을 건너야 하는 이유가 되었다. 자아를 벗어두고 와도 모른 척 눈감아줄 수 있는 곳이었다. 천성적으로 나는 다정에 약해서 저녁이라거나 새벽이라거나 어쭙잖게 너그러운 것에는 관심이 없다. 가지런한 우울을 맞고 있으면 바닥에 두고 온 나의 허물과 그 표정을 따라 하는 것이다. 알이 막 깨지고 있다. 나는 정교하게 부화한다.

남쪽물고기자리

물병에 갇힌 포말하우트의 이름들

D+265

너를 알아.

필멸의 인간 사이에서 가장 아름다운 소년*이 물병을 기울이면 너는 온순하게 입을 벌렸지.

---

* 가니메데. 독수리에게 유괴당한 미소년. 신의 반열에 올랐지만 그의 의사는 반영되지 않았다. 물병자리의 주인.

D+266

 물에 빠진다. 라스알하게의 둥지에서 축축한 지도를 잡았을 땐 행성의 양수羊水쯤으로 여겼다. 그러나 매듭을 풀자마자 이곳으로 밀려들어왔다. 수영에 능숙한 신체라 해도 이 정도의 수심은 불가항력이다. 게다가 난 태생이 물과 가깝지 못해 수영시간에 늘 아슬아슬한 성적을 받곤 했다. 아득한 깊이에서 발버둥친다. 내가 만든 기포가 질서 없이 흩어진다. 그것을 보면서 귀에 아가미가 생긴다면 숨쉬는 게 나아질까 생각한다. 빛이 멀어진다. 푹신하게 잠긴 나는 젤리가 될 것 같다. 젤리행성일까 이곳은. 인간을 재료 삼아 탱글한 젤리를 가공하는 행성. 젤라틴 냄새가 난다. 색소를 넣는다면 이 행성을 닮은 물빛이 좋겠다. 굽이치는 결 따라 핏줄을 새겨넣는 것도 그럴싸하겠다. 그래, 저런 빛에 가까운 젤리여야 한다. 거품 사이로 누군가 보였다. 내가 아는 몸이었다. 인간이라기엔 온전하고 신으로 보기엔 간결한.

아도니스, 어떻게 온 거야.

그를 따라간다. 호흡하는 일이 내 소관이 아닌 것처럼 몽롱하다. 도착한 곳은 하얀 언덕이다. 변화로운 꽃밭이다. 내가 날아다니는 것을 알아차렸을 땐 주변에 오네이로이상제나비가 가득이었다. 아도니스의 어깨에 앉아 오래 눈을 마주한다. 그의 흰 뺨과 스피카의 빛으로 짠 머리칼, 석고로 빚은 듯 정성스러운 피부는 여전히 아름답다. 앞머리를 털었을 때 날아가는 나비는 그의 입술과 가지런한 치아를 보기 위해 모였을 것이다. 아도니스의 미소를 보던 순간, 어두운 그림자가 덮치며 몸이 깔린다. 상황을 인지할 겨를도 없이 날개가 깨진다. 곧 오네이로이상제나비 소멸의 특징인 생의 파노라마가 재생된다. 그리고 몸에서 터진 물이 나를 깔아뭉갠 이에게 튄다. 찝찝한 듯 팔을 터는 저 표정은 내 얼굴이다. 처녀자리 목에 해당하는 행성 포리마에서 만났던 흰우리산카요우와 나비떼. 전생과 환생이 뒤섞인 그곳에서 내가 죽였던 나비가 나였다니. 내 영혼은 어느 곳을 종착지 삼아 표류하는 것이지. 아도니스는 눈썹을 구긴 채 나를 본다. 걱정스러운 미간이다.

  눈을 뜬다. 아직 침잠중이다. 방금 본 건 환영이었던가. 가만, 포리마에서 아도니스는 보이지 않았을 뿐 내내 곁에 있었던 것인가. 우선 몸을 움직여야겠다. 숨을 멈추고 나비처럼 날았던 몸짓을 되새긴다. 팔을 벌릴 때마다 날개뼈가 도드라진다. 수영 점수는 모자랐어도 비행에서는 꽤 높은 점수를 받았더랬지. 하늘이라고 여기자 자유를 얻는다. 그보다 힘있게 물장구를 친다. 이대로 오르다보면 물갈퀴나 아가미가 정말 생길지 모를 일이다. 그렇게 된다면 물에서 살아야겠다. 눈과 하늘을 버리고 맑은 어둠으로 가라앉을 마음이 내게 있을까. 물살을 겹겹이 껴입은 마음을 가질 수 있을까.

D+270

남쪽물고기자리의 입, 포말하우트

 극단적인 성격, 가니메데의 물이 당도하는 입구, **탐미주의**, 도깨비불을 키움, 고독, 외로움에 **취약**함, 고르고 시큰한 감성, 물병에서 떨어지는 재앙, 병에 쉽게 걸리는 성체星體, 감염된 예언이 번식하는 지느러미를 가짐, 변조상 중에 도망자가 있음, 부서지는 포말 사이로 출생하는 생물들, 신열을 앓는 주성과 근처를 맴도는 더 외로운 반성들.

 호리병해파리는 일정 시간을 멈춘다. 장난을 좋아해서 파도를 거스르거나 밀물과 썰물의 흐름을 바꾸는 동물성 플랑크톤의 일종이다. 수동적으로 움직이는 척 시치미를 떼곤 하지만 얄밉지 않다. 얇은 조직을 만지고 있으면 모든 것을 용서해야 할 기분이 든다. 호리병해파리를 마주한 건 폐에 물이 들어차기 직전이었다. 액체가 굳는 순간 뭍으로 나왔다. 녹녹한 다리를 가진 생물은 고약한 성질을 증명하듯 물을 몇 번이나 굳혔다가 풀었다. 내가 마지막으로 뱉어낸 것은 말랑한 고체였는지도 모르겠다. 섬에선 외뿔인면어가 보인다. 단단한 뿔을 가진 인면어는 해변에 나와 바위에 이마를 다듬고 있다. 인면어의 고기를 먹으면 더이상 악몽을 꾸지 않는다. 그러나 뿔이 사나워 함부로 얻지는 못한다. 행성을 떠돌며 다채로운 잠에서 헤매는 나로서는 욕심이 나지만 괜한 속설에 몸을 맡길 수 없다.

섬에서의 밤은 고요하다. 한쪽에선 호리병해파리가 해일을 만들다가 꺼뜨린다. 파도를 마음대로 구부리는 그들은 설치미술가처럼 물결을 만지는 중이다. 해파리의 심미안이 뛰어나다는 것을 사람들은 알까. 블랙스미스의 피에도 분명 섞였으리라. 물비린내 나는 혈관을 가졌으니 몸 어딘가 아가미 하나쯤 숨겨두었을지 모를 일이다. 불 하나 없는 섬에서 파도의 주름을 셀 수 있는 이유는 행성이 야광이어서만은 아니다. 포말하우트에는 언어가 존재하기 때문이다. 수평선을 넘나드는 불빛이 별똥별의 패턴이라고 누가 말했나. 반딧불이로 간주하기엔 꼬리에 달린 불이 선명하다. 저건 도깨비불꼬리인어다. 수면 위로 뛰는 곡선이 지느러미를 따라 글자를 나열한다.

현세에선 종족이 발견되기 전부터 이들을 상상의 반열에 올리지 않았다. 다만 여행자의 지면에 기록해두었을 뿐이다. 인어에 얽힌 괴담은 은하에 공공연하게 떠도는 이야기다. 나침반에 장난을 친다든지 목소리로 뱃사람을 홀린다든지 하는 가벼운 것에서부터 휘파람을 불면 해안가 몇 개쯤 날려버리는 거대한 태풍이 몰아친다는 살벌한 것까지. 종족 중 빠르기로 유명한 큰눈인어를 쫓아가면 평행 세계 입구를 찾을 수 있다는 설은 어디서 흘러나왔는지 알 필요도 없다. 위기에 몰린 인어가 싱크홀을 열어 중세부터 종적을 감춘 심해 괴수를 부른다는 이야기는 해변에 널린 불가사리만큼 흔한 것이다.

맨발에 차이는 불가사리를 바다로 돌려보낸다. 독이 있진 않겠지. 그렇다고 해도 뱀주인자리를 지난 내게 이까짓 독은 우습다. 물에 띄운 불가사리가 다리에 힘을 주고 배영을 한다. 과거엔 햇볕에 마르는 것이 전부라고 했는데 행성에서 행성으로, 이야기는 가라앉지 않고 진화를 거듭한다.

  어둠에 더 투명해지는 바다. 그 안에서는 콧대 높은 인면어가 무뚝뚝한 얼굴로 슬픔을 정화시켜주는 해초를 뜯는다. 질경이는 턱을 자세히 보고 있으면 가만히 웃는 것도 같다. 유연하게 흘러드는 물에 발을 담근다. 오랜 밤으로부터 희석된 우울이 밀려든다. 물이 밀려올 적마다 울컥거리며 바다가 기시감을 쏟아낸다.

D+278

그러니까 정리할 시간이 필요했어. 나 정말 너를 알 것 같거든.

아비의 체액과 거품에 섞여 태어난 너는 아름다워야 하는 운명을 타고난 거지. 굽이치는 머리카락과 부드러운 뼈는 그 때문 아니겠어? 하늘의 시선과 땅의 숭배를 거느린 네가 티탄에게 도망치려 물고기를 선택한 것은 필연이었겠지. 보잘것없는 물고기가 되어 남쪽 하늘에 숨을 죽이고 있었다니. 가니메데가 흘려주는 물을 마시며 아도니스를 이 안에서 살게 하기 위함이었지. 아도니스는 처녀자리에 있으면서 행성을 떠도는 영혼을 통해 너와도 공존한 거였어. 허나 곧 속설이 되고 마는 행성에서 진심이나 마음은 물거품이 되기 쉬웠을 거야. 가니메데의 물병엔 유괴와 재앙이 섞여 있거든.

D+285

 혼자 빛나는 것이 외로울까, 그 곁을 맴도는 별들이 쓸쓸할까. 주성과 반성은 서로의 궤도를 끌어당기며 놓지 않는다. 주성은 무거운 입술을 가졌고 반성은 어두운 태도를 취한다. 포말하우트에서 태어나는 해양 생명체가 비범한 능력을 가지게 된 것은 가니메데의 물이 이곳으로 흐르기 때문이다. 돌연변이와 같은 자연에 대해 달리 설명하시 않은 것은 극단적인 물의 심기를 거스르고 싶지 않아서다. 행성의 주인이 지독한 탐미주의를 앓아서다. 예술병에 걸린 재해를 잃지 못해서다. 호리병해파리떼가 몸을 겹쳐 점점 더 큰 구역을 멈추고 있다. 물컹한 파도는 폭발 직전의 산이 되거나 터지지 못할 것을 지닌 행성의 마음이 된다. 솟아오르는 물기둥을 본다. 그리고 사이에 걸린 몇 마리 인어를 본다. 상반신이 물고기인 인어는 눈이 어두워서 어떻게 서로를 확인할까. 생김새를 보고 인사를 나누고 이름을 알게 되는 것. 위치를 확인하고 거리를 두는 일. 눈빛을 던지고 받는 일에 대해 어떤 방식으로 대화를 나눌 것인가. 물고기가 만들어낸 거품에는 우리가 해석하지 못할 순한 문장이 들어 있다. 인류가 잠수에 한계를 느끼는 것은 물에 너무나 많은 말이 담겨 있어서일지 모른다. 물고기의 단어는 강한 수압을 가져서 우리가 입을 열기 전부터 버거운 마음이 되고 마는 것이다. 물에 머리를 담근다. 부르고 싶은 이름을 중얼거린다. 입술이 맞닿은 곳마다 기포가 올라온다. 무수한 당신의 이름을 심해에 가둔다.

D+296

모르겠어, 너를.

필멸의 인간 사이에서 가장 아름다운 소년이 물병을 기울이면 너는 몸을 뒤집었어. 행성에선 한 계절 물이 쏟아지고 반성을 가지지 못한 주성이 영겁의 궤도를 이탈하여 멀리 떠나기로 한 낮이었지.

삼각형자리

바람개비 은하에 잘린 외로운 도형

D+297

익숙하다. 지도를 얻으면 좌표가 가리키는 행성으로 떠난다. 블랙홀의 단면으로 만들어진 양피지는 편도용이어서 나는 매 순간 떠나는 입장이지만 이제는 모든 게 익숙해졌다. 까만 점으로 빨려가는 순간 눈을 뜰 만큼의 용기는 없지만—그건 워낙 한순간이기도 하고 몸이 분해되는 역한 기분을 감당하지 못하기 때문이다—내게는 천체의 가호를 받는 건축가 블랙스미스의 수첩이 있다. 행성의 성격을 낱낱이 적어놓은 블랙스미스의 필체도, 어릴 적 고서에서 보았던 환상의 생명체도, 재앙이 일어날 때마다 의심받던 '예언하는 식물'들도 지금은 정말 놀랄 만한 것이 되지 않는다. 그러다가 문득 내가 얼마나 오래 우주를 표류하고 있는 것인가, 생각이 들었다.

내가 딛고 있는 삼각형자리 행성이 망가진 도형을 끊임없이 만드는 걸 목격해서일 것이다. 아이가 의미 없이 뭉치는 장난감처럼 이 행성은 고장난 우주선을 계속해서 뱉어낸다. 먼지가 쌓인 우주선 창문으로 또다른 비행선이 보인다. 창문 뒤로 절뚝거리는 로켓이 보인다. 뚜껑 없는 비행 물체는 속을 훤히 내보인다. 의자는 새것이지만 아무도 앉지 않아 쓸모가 없다. 삼각형자리의 행성에선 매일이 새것이지만 누구도 시간을 보내지 않는다. 망가진 채 태어나는 도형행성. 첫인상치고 세련되고 먹먹하다. 나는 수없이 많은 별을 배회하다 외로움에 몸을 버린 인간이 돼버린 것일까. 으스스한 기운이 몸을 덮친다. 아무런 기적 없이 기호로만 이루어진 기계행성에서 지나온 시간과 유랑할 시간을 더듬는다.

D+309

삼각형자리의 행성은 온통 각이 져 있다. 세모난 물줄기에 세모난 구름이 떠다닌다. 돌에는 세모난 흉터가 패었고, 돌 사이로 세모난 바람이 지나간다. 예민한 야자나무는 뾰족한 열매를 달고 있다. 모가 난 열매를 먹는다면 화가 날까. 도형 두드러기를 일으킬지도 모르겠다. 이왕이면 입체적인 원통이나 평행사변형 모양의 발진이 났으면 좋겠다. 처음은 어릴 적 소박했던 양초가 되는 꿈을 이룰 수 있을 것이고, 나중은 어디에 선을 그어도 설명과 공식이 바뀌니 외로움을 숨기기에 적합할 것이라는 생각이 든다. 감정이 촛농으로 뚝뚝 떨어지며 종기가 될 거야.

모서리뿐인 과일을 만지고 있으니 과일은 슬퍼하는 얼굴이 된다. 과일의 감정을 만지는 건 오랜만이다. 예전에 자료 조사를 하러 갔던 씨앗박물관에서가 처음이자 마지막일 줄 알았다. '메시아 목록' 행성들의 식물 씨앗을 만진 적 있다. 자신의 은하와 땅을 그리워하는 씨앗을 건드리자마자 오히려 내가 향수병에 걸려버린 일과 나도 모르게 눈물을 뚝뚝 흘리게 된 일은 사람들 사이에서 웃음거리가 되었는데. 입을 대볼까 하다가 울먹이는 눈을 보니 망설여진다. 먹을 수 없다. 비슷한 모양을 어디서 봤더라. 그런 생각으로 잠시 한눈을 판다. 그러다 곁을 보니 알지 못할 새가 울고 있다. 방심한 틈을 타 과육을 쪼아먹은 새. 손에 쥐고 있던 파먹힌 과일을 던진다. 나는 급히 물줄기를 따라 걷는다. 정신을 차리니 오르막길이다. 이곳에선 방심은 금물이다. 곳곳에 가파른 지형이 장애물처럼 숨겨져 있으니. 물이 시작되는 상부층에서 폭포가 쏟아진다. 폭포 너머 눈을 먼 곳에 두니 세 개의 위성이 꼭짓점을 이루며 떠 있다. 실종으로 악명 높은 버뮤다 삼각지대가 저기 있었구나. 호기심으로 가까이 다가갔다. 삼각형자리 행성에는 미지의 공간이 있다. 꼭짓점을 이룬 부분만 무한의 영역이라는 듯 일렁인다. 망가진 도형과 발진하지 못한 우주선과 뾰족하고 슬픈 눈을 가진 것들이 계속해서 태어나는 곳이 여기였다니. 호기심으로 반짝이던 내 눈에 슬픈 것이 먼저 들어온다.

D+317

 여섯 개의 하늘을 건너면서 외로움엔 익숙해졌다. 하지만 감정은 어딘가 묶여 있을 것이라는 생각에 고민이 깊다. 표류로부터 시작된 외로움이 구석구석 나를 옭아맨다. 매듭이 꼬였을 때 잘라주어야 하는 것처럼 언젠가 심장에 붙어버릴 외로움이라는 정서적 고질병을 스스로 잘라야 하는 순간이 올 것이다. 괴상한 행성의 비위를 맞추던 일과 수많은 고비를 넘긴 일, 그런 행성을 구슬려 다음 행선지의 지도를 받는 일에 지쳐간다. 쓴다는 것은 다음을 기약한다는 거다. 나는 어째서 표류 일지를 쓰고 있지. 하늘에서부터 거꾸로 침잠하는 막막한 나를, 나의 어떤 마음이 이끌고 있을까. 무엇으로부터 비롯된 생의 간곡함일까.

팽팽한 줄에 걸린 구름 사이로 모가 난 외로움이 걸어나온다. 시작을 알 수 없는 끈이 행성 이곳저곳에 걸려 있다. 한데 엉켜 자리를 잡은 실선들. 그 끝을 보려고 하루를 꼬박 걸은 뒤로는 더이상 궁금해하지 않기로 했다. 발에 잡힌 물집이 단단한 삼각형이 되는 것을 보고 웃음이 나왔다. 신체 중 가장 귀여운 것은 발가락이다. 작고 민둥민둥한 것을 만지고 있으면 쑥스러워하는 누군가의 뒷모습이나 기억나지 않지만 존재하는 유년의 조각이라는 생각을 떨칠 수 없다. 꼬물거리는 모양은 마음이 잉태한 새끼들 같다. 의지 없이 수동적인 발가락을 보다가 배낭을 뒤적여 몽당연필을 꺼낸다. 어떤 얼굴을 그려줄까. 넌 어떤 눈을 갖고 싶니. 그러나 연필은 살갗을 칠하지 못한다. 표정을 그려주었지만 표정을 갖지 못하는 것조차 발가락다워서 결국 울음이 터진다. 아까 잡은 과일의 눈과 닮은 울음이다.

D+318

삼각형자리의 머리, 카풋 트라이앵글

정의로움, 단호하고 침착함, 아슬아슬한 내면, 균형과 불균형을 오가는 태도, 내리막길과 오르막길 심판, 민감한 야자수를 키움, 당도가 높은 '슬픈 눈 열매' **취식 가능**, 각양의 삼각틀, 미지의 공간 보유, 미끄러지는 마음, 세모 모양의 살과 **뼈**, 단조로운 행동, 신들의 망가진 놀이터, 단단하고 무용한 우주비행장, <u>정글짐 건너 **세번째 줄을 잡을 것**</u>, 걸음에 신중을 기할 것, <u>바람개비 은하</u>, 나일강의 델타.

발가락을 보고 운 사실이 창피해서 나는 언제 그랬냐는 듯 블랙스미스의 수첩을 소리내어 읽는다. 걸음에 신중할 것, 신중, 매우 조심히 걸을 것. 중얼거리며 우주화의 풀린 끈을 동여맨다. 그런데 옆에 뭔가 떨어져 있다. 세모난 형태의 반짝이는 알갱이들. 주변을 더듬거리다가 눈가를 만져보니 똑같은 것의 더 작은 부스러기가 붙어 있다. 눈물이 광석이 되는 행성에 대해 오래전 들어본 적 있다. 그곳이 삼각형자리 행성일 줄이야. 신의 놀이터라 불리는 미지의 행성에서는 슬픔의 형태와 질량에 따라 보석의 크기가 결정된다. 꽤 큰 알을 모아 주머니에 넣는다. 일단 침착하자. 어이없고 속물적인 태도가 우스워 피식거리고 말았다. 당첨될 일 없는 복권을 구매한 사람의 마음으로 뜬구름 같은 상상을 하며 오르막길을 걷는다. 숨이 찬 기분이 좋아서 숨을 크게 쉰다. 정상에 오르니 순한 바람이 분다. 하지만 바람의 속내는 그게 아니었나보다. 살살거리던 바람이 각을 부려놓고 빠르게 달아났다. 목에 가진 바람이 들어와 캑캑거렸다. 허리를 숙였다 올리니 아래가 보인다. 철이 앙상하게 드러나긴 했어도 삼각형자리의 민낯은 망가진 기계행성이 아니라 하나의 거대한 정글짐에 가까웠다. 빽빽한 하늘은 긴 줄과 빈 의자가 놓인 비행선으로 가득하다. 엉켜 있는 것처럼 보이던 실선은 위에서 보니 각자의 위치에서 당겨지고 있었다.

걸음에 신중할 것. 블랙스미스가 수첩에서 말한 정글짐이 필시 이것이라는 생각이 든다. 정글짐 건너 세번째 줄을 찾는다. 산꼭대기와 연결된 많은 선은 모두 어디로 향하고 있을까. 신중하게 걸을 것. 습관이 돼버린 말을 뱉으며 아래를 본다. 촘촘한 실선이 바람과 구름을 삼각형으로 잘라내고 있다. 아찔한 높이에 다리가 후들거린다. 수첩에 적힌 대로라면 정글짐 너머 세번째 줄은 저기서 흔들리는 그네를 뜻하는 것일 텐데. 선뜻 용기가 나지 않는다.

삼각의 구름을 만지작거리다가 이내 얇은 선을 밟는다. 콧등에 땀이 맺힌다. 선은 밟힐 때마다 자신이 가진 소리 중 가장 위협적인 파동을 낸다. 신중, 을, 기해, 야, 하는, 데. 혼잣말을 하며 위태로운 걸음을 뗀다. 그네의 기둥을 잡았을 때 아래로 떨어지는 맑은 광석을 본다. 아이씨. 내가 슬퍼지는 건 나의 감정을 잃어버려서이지 절대 세속적인 본능 때문이 아니다. 일단 그렇게 치자.

D+324

 그네를 탔다. 밀어주는 사람이 없어 허공에 발질을 했다. 그러는 사이 양감을 지닌 슬픔은 모두 떨어져버렸다. 발밑으론 행성의 거대한 정글짐을 두고. 위성을 꼭짓점으로 한 삼각의 무한한 공간을 가진 하늘을 본다. 그 공간은 아직도 '고장난 로켓'과 '누구도 앉지 않는 의자를 단 비행선'과 '뾰족하고 슬픈 눈을 가진 것'을 게워내고 있다. 어린 시절의 기억과 희미한 얼굴이 생각난다. 작은 등을 미는 마음을 알지 못해서 나는 아직도 그네를 보면 먼저 달려가 앉는 버릇이 있다. 그네를 태워주는 건 떠나라는 뜻인지 돌아오라는 뜻인지 모르겠다. 모르는 것투성인데도 그네는 왔다갔다 반복한다. 그런 패턴에서 외로움은 이마로 먼저 와 닿는다. 무릎으로 밤이 스며들자 하늘의 체온을 천천히 안았다. 그리고 왼쪽 하늘을 뛰는 양자리의 양을 헤아렸다.

D+327

 무수한 선이 가지런하게 자리를 지키고 있다. 행성이 긴장하고 있었던 게 너희 때문이었구나. 가지런하면서 날카로운 선은 구름의 살을 잘라낸다. 곁눈질을 하며 걷다가 바람의 뼈에 발이 빠졌다. 바람의 뼈는 어린 시절 정글짐에서 보낸 위태로운 밤과 닮아 있다. 마음만 먹으면 삼각형자리는 아침과 밤을 자를 수 있을 것이다. 아침과 밤의 단면에선 감정의 나이테가 그네 모양으로 곡선을 그리며 새겨져 있겠지. 잠시 그네에 앉았다. 그네를 타는 동안은 내 몸에 붙은 감정을 게워내는 시간이다. 천체를 표류하는 것과 그곳으로부터 기인한 외로움은 몸을 지치게 한다. 그러나 지도를 구하는 일, 다음 행성으로 나아가게 하는 의지 또한 같은 감정을 공유하기에 받아들이기로 한다. 여전히 그네를 태워주는 마음을 알지 못한 채 일어섰다. 모성으로 돌아가면 당신의 등을 밀어줄 것이다. 그리고 내가 건너온 행성과 만났던 생물을 나열하여 당신에게 보여야겠다. 그러려면 많은 밤을 써야겠다. 그네를 타며 안아본 당신의 허상에 대해서도. 꼼꼼하게 일지를 쓴다. 하얗게 흔들리는 밤과 발버둥치는 생의 곡진함을 그리고 기약과 거리가 먼 마른 등을 밀어주는 당신을,

안드로메다자리

중력으로부터 해방되는 안드로메다의 사육장

D+328

안드로메다자리의 허리, 미라크

~~경계하는 태도~~, 수족관 소유, 페가수스의 창을 닦는 취미, 다양한 동물을 키움, 파상풍을 무서워함, 사슬에 관한 트라우마, **다정하게 대해야 함**, 짝짝이 팔, 주관적인 태도, 논리보단 감정에 호소할 것, 각진 얼굴형, **지구와 닮은 풍토**, 날씨에 따라 변하는 말투, <u>불준규칙 변광성</u>, 계획표 선호, 급작스러운 일을 기피함, ~~내성적인 성격~~, 카시오페이아와 정원을 가꾸는 이 사이에서 태어남, 도마뱀자리라는 반려파충류가 있음, 근처에 떠다니는 미라크의 유령.

도착한 행성에서 익숙한 냄새가 난다. 낙엽의 물기가 다 빠진 냄새다. 마르고 다정하고 시린 바람이 분다. 꼭 고향의 계절을 맞는 기분이다. 오랜만인 기후가 낯설다. 이 행성은 계절이 있는 것일까, 아니면 이 날씨만 남은 것일까. 태어난 동네에서 자주 봤던 버드나뭇과의 큰손단풍나무를 여기서 보게 될 줄이야. 저 잎사귀를 백과사전에 끼운 채 말리면 계절이 통째 멈춰 있곤 했다. 그해 가장 예쁘고 섬세한 혈관을 가진 잎맥을 찾기 위해 바닥을 살폈지. 어쩐지 반갑고 머쓱한 기분이 든다. 땅에 쓸린 무기력한 촉수를 잡는다. 생각과는 다르게 끈적한 액체가 나와 손을 더럽힌다. 찝찝한 인사를 씻기 위해 물가로 향한다. 말하지 그랬어, 악수하기 싫다고. 투덜거리며 손을 씻는데 옆에서 인기척이 들린다. 고개를 드니 날개가 보인다. 페가수스가 속눈썹을 짙게 내리고 물을 마신다. 놀라기보단 놀라게 하지 않기 위해 조심스럽게 손에 물을 끼얹는다. 점점 많은 말이 물가로 다가온다. 검은 날개를 단 말도 간혹 보인다. 저 돌연변이가 따돌림을 당하거나 도태되진 않겠지. 개체 수가 많은 건 천적이 없다는 뜻이고, 생존에 차이가 없으니 소외될 일도 없을 것이다.

D+328

 살진 말을 쓰다듬으며 시간을 보낸다. 순한 눈을 가진 페가수스를 알게 되었는데 이름을 붙여주고 싶어 고민하고 있다. 그러나 며칠째 적당한 것을 찾지 못했다. 인간의 이름을 붙여주자니 누추하고 초월적인 이름은 되레 멀어진다. 자연에서 오는 단어는 한계가 있다. 한정적인 어휘를 매만진다. 무엇보다 이름을 붙일 정도의 살가움이 내게 있었던가. 어쩌자고 친한 척이지. 말의 의사와 상관없이 말을 거는 건 아닐까. 심지어 이미 이름이 있을지도 모른다. 근처의 조랑말자리에 안착했으면 다리가 짧던 고향의 친구 이름을 붙여주고 흙탕물을 뛰어다녔을지 모른다. 페가수스라니 어쩐지 더 긴장하고 마는 것이다.

흙탕물이 나왔으니 말인데 이곳은 현재의 지구보다 과거의 지구와 더 닮아 있다. 박물관에서 관람하던 멸종된 생물이 이곳에서 움직이는 것이 아직 적응되지 않는다. 큰 이가 도드라진 다람쥐라든가 단단한 뿔을 단 사슴벌레를 시뮬레이션을 통해 키워본 적 있다. 피부병에 걸린 사슴벌레가 껍질을 몇 번 탈각하고 죽은 뒤 애완 시뮬레이션 게임기는 창고에 처박아버렸었지만 그때를 기억하면 애틋한 느낌이다. 오래 혼자 떠돌다보니 심장이 더 말랑해진 것일까. 단풍나무 꿀을 채취하는 다람쥐 눈치를 살피며 말갈기를 부드럽게 만진다. 다람쥐가 만들어내는 파동이 생기롭다. 작은 심장이 두근거린다. 포르말린이 아닌 제 몸 냄새를 내고 그 냄새를 내가 맡는 일은 흔치 않다. 박물관이 살아 있는 흔하고 흔치 않은 행성에서 고향의 과거와 이곳의 현재를 가늠하고 있을 때 하늘과 바다가 뒤집힌다.

D+332

 미라크에서 보낸 며칠로 이곳이 하늘과 바다가 뒤집히는 '중간의 땅'이라는 사실을 알게 되었다. 어떤 수치인지 모르겠지만 행성은 주기적인 규칙을 갖고 있다. 미라크의 생명은 생존력에 비례하는 강한 중력을 가졌으며 그건 하늘과 바다가 섞이는 중간의 땅에서 버티기 위함이라는 걸 깨달았다. 길거나 크거나 날개가 달린 깃을 있는 힘을 다해 붙들지 않으면 금세 증발하는 몸은 여기서 내가 유일하다.

 지진이 시작되면 엄청난 속도로 세상이 섞인다. 사실 그보다 페가수스 무리가 평야로 향하는 순간을 기억하거나 다람쥐가 파놓은 나무 틈에 들어갈 때를 살피는 것이 중요하다. 동물은 자연의 움직임을 먼저 파악하는 법이다. 그렇다고 해도 틈을 엿보다가 나무속에 깊게 이를 박는 다람쥐를 놀래킨 일에 대해서는 몇 번이고 사과하고 싶어졌다.

D+337

 물이 방울을 만들며 위로 올라가기 시작한다. 꽉 잡지 않으면 해일에 휩쓸리고 말 것이다. 소용돌이가 되어 올라가는 파도에서 페가수스가 태어난다. 날개 달린 말이 하늘에서 떨어지는 구름을 밟고 고원으로 향한다. 무거운 속도로 내리는 구름을 피하지 않으면 화상을 입는다. 사정없이 추락하는 안드로메다자리의 수많은 위성이 굉음을 내기 시작한다. 별똥별을 보면 소원을 빌어야 하는 감상 따윈 생각할 겨를이 없다. 탄약이 되어 날아드는 이 사태를 먼저 피해야 한다. 머리를 감싸고 안전한 곳을 찾는다. 지형이 움푹 꺼지기 시작한다. 신이 땅으로 쏘아내린 폭죽이라 하기에는 파인 정도가 심하다. 조금 덜 파인 곳을 밟으며 안전한 곳으로 달린다.

D+346

 허공을 떠다니는 물고기와 고래떼를 마주한다. 그리고 그들의 머리와 등을 밟는 염소와 양들을 본다. 고래는 괴수에 가깝고, 물고기는 크기가 나무만하다. 여기가 심해라면 한입에 삼켜질지 모르지만 중간의 땅에서라면 상황이 다르다. 나무 사이를 지나는 어류는 평화로워 보인다. 과일을 씹거나 잎이 무성한 숲으로 가 새끼를 낳기도 한다. 허공에서 번식하는 어류는 이제 어떤 종이 되는 걸까.

 나무 둥지마다 물고기 알이 깔려 있다. 기포가 터지며 투명한 속내를 가진 물고기가 나온다. 뼈까지 비치는 얇은 비늘을 달고 나무를 오르는 어린 물고기를 본다. 물고기는 가파른 잎사귀를 지나기 위해 근처를 빙글빙글 돈다. 그러다가 뒷발이 튀어나온다. 추진력을 얻자 이어서 앞발도 피부 조직을 뚫고 나온다. 빨판처럼 생긴 손가락을 이용해 꼭대기로 향한다. 페가수스의 목을 잡고 올라간 고원에서 본 광경은 기울어진 바다와 흘러다니는 가을 나무, 그리고 도마뱀자리에서 배태한 도마뱀 무리였다. 먼 곳에서 귀신고래들이 배를 뒤집고 허공을 지나는 중이었다.

D+353

 경계가 없는 행성이 이상하다. 이곳은 포식자와 피식자의 균형이 없다. 연기로 깔린 구름을 보다가 발자국을 낸다. 금세 흩어진다. 하늘을 밟고 바다를 오르는 행성에서 먹이사슬이 통하지 않는 것은 당연할지도 모른다. 토성의 고리 어디쯤 존재한다는 암시장에선 우주동물 불법 밀거래가 횡행한다. 멸종 위기종의 뿔, 발굽, 치아가 고가에 거래되는 품목이다. 온전한 것이 거의 없어 값은 천정부지로 솟는다고 한다. 그럼에도 이렇게 온화한 최상위 등급의 생물은 처음 본다.

 비건 행성일까. 아니면 이곳의 생물이 높은 지능을 가졌다는 건가. 그렇다고 하기엔 진화의 양식이 권태롭고 자유롭지 않은

가. 돌연변이가 쉴 틈 없이 태어나는 미라크의 낮밤이 뒤집히고 있다.

D+358

 미라크, 오래전 읽었던 책에서 당신은 알몸으로 사슬에 묶여야 했어요.

 묶인다는 정신적 외상이 행성을 이렇게 만들었던 건가요. 페가수스의 창을 통해 본 밤하늘은 거대한 동물원에 가까웠어요. 은하를 절벽 삼는 염소자리와 깊은 잠으로 건너게 할 양자리가 보였어요. 조랑말자리와 도마뱀자리가 낮은 보폭으로 밤을 만지면 위성에도 팔다리가 생기는 건 아닐까 유심히 보았지요. 세상에 갓 나온 청색 신성新星을 삼키는 고래자리와 물고기자리는 야광이 되기도 했어요.

중력이 사라진 행성에서 하늘과 바다가 엉키는 건 중심을 잃는 것이 아니라 중심을 없애는 일이더군요. 경계를 파괴하고 해방을 맞는 당신의 사육장에서 나른하고 서늘한 계절이 도래하는 일이 순리인 것처럼 말이에요.

자유롭고, 규칙의 저 멀리에서 회전하게 될 미라크,

끄는 힘과 당기는 태도를 허공에 풀어놓으세요. 바다에 뿌리를 둔 나무와 당신의 돌연변이들이 안드로메다의 허리를 끊임없이 선회하고 있어요.

D+∞

 기차가 어둠을 헤치고 은하수를 건너면, 으로 시작하는 노래를 안다. 철이나 메텔 같은 이름은 생소하지만 낯익다. 발음을 생각하면 지난밤 꿈을 아침의 얼굴로 더듬더듬 만지는 기분이다. 안드로메다로 떠났다는 말은 은하철도 999를 탔던 오래전 사람임을 인정하면서 해괴한 사차원의 정신세계를 가졌다는 말이다. 차원이 이 세상 것이 아니므로 저세상 것인 셈이다. 지구를 향해 달려오는 안드로메다 은하는 근처의 별을 빠른 속도로 흡수하며 먹어치운다. 포식자에 가깝다. 지구와 부딪히기까지 사십억 년, 그리고 합쳐지는 데 삼십억 년 정도 소모되니 그 기간 뭘 하면 좋을까. 때를 기다렸다가 가장 좋은 자리를 맡아놓거나 근처에 집을 사두어야겠다. 그리고 환상적인 은하 폭발을 관람해야겠다. 태양의 수명이 오십억 년밖에 남지 않은 사실은 잊어두고서.

 카시오페이아의 허영심으로 바다의 벌을 받은 안드로메다 공주는 제물로 쇠사슬에 묶여 있다. 마침 메두사의 잘린 머리를 들고 귀환하던 페르세우스가 그곳을 지나다가 공주를 발견한다. 포세이돈이 보낸 괴수는 해안가에 다다른다. 보는 순간 몸이 굳어버리는 메두사의 머리를 보자기에서 펼쳐든 페르세우스가 괴수를 해치우고 안드로메다를 구해낸다. 메두사의 머리에서 떨어지는 피가 파도와 섞이며 백색 날개를 단 페가수스가 무질서하게 튀어나온다.

 어릴 적 본 그림책과 만화에서는 안드로메다를 신비롭고 아름답게 그려두었다. 저세상 것의 기차를 타고 안드로메다 은하 고리를 도는 철이와 메텔은 LP판의 둘레인지 모른다. 타인에게는 영원히 간직해야 할 신비가 있고, 나는 그것을 안드로메다 부르는 버릇이 있다. 그러므로 가을하늘 가득 놓인 타인과 수많은 짐승의 별자리를 사육해도 좋을 것 같았다.

오리온자리

성운의 수태고지,
트리에 걸린 첫눈과 슬픔에 빠진 거인

D+362

오리온의 왼쪽 다리, 리겔

발달한 청각, 조곤조곤한 성격, 나른함, 낮잠을 즐김, 심장 가까이 위치한 **성목**星木, 화려함, 차갑고 따뜻한 내면, 양면성, 장신구(관절 장난감, 피규어), 알록달록, 이글루라는 **함정**, 빙하의 필라멘트를 찾을 것(쉽게 바스러짐), 듣는 것을 좋아함, <u>**이야기를 들려줄 것**</u>, 즐거운 **선물**, 호기심이 많음, 상상력이 풍부함, 설원과 끝없는 첫눈, **난폭한** 눈사람을 기름, 당도가 높은 알레르기성 털과일, 빛나는 얼음들.

D+366

 리겔, 남의 집 굴뚝을 타는 빨간 옷 입은 늙은 인간의 괴설을 알아?

 혹시나 해서 말인데 그 인간의 고향이 너는 아니겠지. 그날 일찍 잠에 든 건 선물을 기대하는 마음보다 혹시 모를 낯선 이와의 뻘쭘한 만남이 두려워서였어. 내성적인 내 성격보다 서정적 굴뚝 성욕자 같은 그 인간을 탓하고 싶어. 중간에 실수로 깨는 바람에 다시 잠들기 위해 눈을 세게 감았지. 다음날 굴뚝이 없는 우리집에 선물을 두고 간 기상천외한 할아버지를 생각하며 포장지를 뜯었어. 내가 행한 착한 일을 꼽으며 리본을 푸는데 그 인간이 아무래도 집을 착각한 것 같았지. 모른 척하며 상자를 열었어. 사탕이 잔뜩 든 양말이었어. 아무래도 좋았지.

사탕을 모두 까먹고 빈 양말을 트리에 걸었어. 새로운 선물을 기다렸거든. 마치 사용하지 않은 소원권 같았어. 요술 램프 지니의 세번째 소원을 있는 그대로 써버리는 순진한 주인공이 되지 않으리라고 생각했어. 램프를 원상태로 만들어달라거나 소원을 새로 달라고 떼쓰는 악역이 되고 싶었는지 모르겠다. 선물이 선물을 부른다고 생각했어. 뭐, 꽤 순수했네.

아무튼 고답적이면서 고답적이지 못한 트리가 현관에 있었지. 그러나 계절이 바뀌는 동안 양말에는 무엇도 담기지 않았어.

D+371

 입김을 만든다. 행성 리겔은 푸른빛이 도는 눈으로 가득하다. 기온 자체는 차가운데 얼굴에 닿는 눈이 따뜻하다. 어떤 원리로 눈이 녹지 않고 쌓이는지 아직까진 미지수다. 고향으로 돌아가게 된다면 반드시 천체 연구팀의 행성 부서에 자료를 보낼 것이다. 꼼꼼하게 기록하기 위해 눈을 핥아본다. 생각보다 폭신하고 쉬이 녹는다. 달콤한 생크림 케이크 같다. 리겔은 거대한 우주종족의 디저트는 아닐까. 나는 설탕 가루를 뒤집어쓴 토핑된 과자일 테고. 근처에 흰 털이 가득한 열매를 까먹는 생물이 보인다. 까만 눈이 이질적이다. 행성을 닮은 푸른 털을 가져서 몸을 웅크리고 있으면 추위를 타는 눈사람처럼 보인다. 성체는 몸집이 커서 이글루라고 착각할 수 있으니 근처에 가지 않는 게 좋을 것 같다.

D+378

 행성을 걷다가 발견한 건 중심부에 있는 커다란 나무다. 처음엔 산인 줄 알았는데 다가가니 곧은 피부를 가진 나무둥치였다. 그 아래 앉아 따듯한 눈을 덮으며 리겔에게 여러 이야기를 늘어놓는다. 신화부터 구전까지 다양한 잡담 가운데 리겔이 반응을 보인 건 나의 이야기다.

 나무에 열린 양말과 고답적인 트리와 산타 피규어를 본다. 그 위에는 오래전 생긴 것으로 추정되는 낭만적이고 사실적인 형태의 장신구가 있다. 이 나무를 산만큼 키운 건 우주의 수많은 이야기가 분명하다. 줄거리를 거름 삼아 어마어마한 생장력을 얻었음을 짐작한다. 우주 대부분의 사담은 청력이 발달한 리겔에게 흔한 이야기였을 것이다. 행성의 나무가 나의 이야기에 반응을 보인 건 사사로운 감정의 개입으로 모두가 아는 내용이 달라졌기 때문이다.

D+385

리겔, 놀랍게도 내가 겨울을 보낸 행성은 눈이 차가워.

너처럼 매일 내리는 것이 아니어서 언젠가는 녹고 말지. 그해 가장 처음으로 내린 눈을 첫눈이라고 부르는 습관이 있어. 거기에 의미 부여를 하는 게 인간의 몫이야. 인간은 천성적으로 완전한 형태를 바라면서 결핍을 피할 수 없거든. 빈 곳을 원하면서 빈 곳에 가게 되면 외로워하는 아이러니한 습성이 있어. 첫눈은 채워지지 않는 마음을 잠깐의 허상으로 채우는 역할을 해. 부서지기 쉬운 체질이지만 모두가 아는 첫눈의 취미인 셈이지. 인간이 '첫'을 끝이자 시작이라는 모순으로 읽어내는 이유도 그와 가까워.

리겔, 내게 첫눈은 가지지 못한 아내야.

 가져본 적 없는 아내를 생각하면 내 나라에 첫눈이 내리거든. 가장 깨끗하고 순결한 눈을 굴려 눈사람을 만드는 거야. 아내의 이름을 짓는 건 즐겁고 슬픈 일이야. 본 적 없는 아내의 아이를 안아주는 날엔 나의 나라에 눈보라가 치기도 하지. 그러면 나는 귀애하는 것을 모아 그 곁에 두고 뚝뚝 마음을 꺾어 불을 지폈어.

D+388

 트리에 걸린 달을 본다. 아내 이야기가 끝나자 리겔은 아르테미스를 행성 곳곳에 장식하였다. 그 외에도 행성엔 땅에 박힌 빙하가 녹는 기후변화가 일어나 큰물이 범람하는 일이 생겼다. 그와 함께 리겔의 화석이 뼈를 드러내기 시작했다. 이질적인 까만 눈의 생명체는 웅크린 몸을 폈다. 이글루의 대대적인 서식지 이동이 시작되었다.

 녹지 않은 몇 개의 빙하가 초승달 모양으로 행성을 떠다닌다. 갈라진 얼음을 피해 걷는다. 피규어들이 발에 밟힌다. 그중 하나를 집는다. 나무에 걸어줄 요량으로 다가간다. 빽빽한 결을 가진 트리는 행성의 심장에 위치한다. 나무의 줄기를 분해

해 섬유질을 한 가닥 집으면 어떤 갈래가 나올까. 이 한 그루에 천체의 무수한 내력이 봉인된 셈이다. 깜박거리는 트리의 필라멘트에는 오리온과 아르테미스가 잠들어 있을 것이다.

  나무와 멀어진다. 손에 쥔 '고답적인 트리 피규어'를 멋대로 행성의 기념품이라 여긴다. 산타 피규어는 께름칙해서 가져오지 않았다. 단지 눈송이에 담겼던 동화가 녹으며 설원을 데우고 있다.

D+390

 몇억 세기 동안 지속되어온 첫눈이 멈추었다. 오리온에는 처음으로 원시의 맑은 밤이 찾아왔다. 행성의 입김에서 뜨거운 신성이 태어나고 낡은 별이 꺼져간다. 트리에 따뜻한 눈으로 빚어진 피규어가 진열되어 있다. 그 아래 깔린 상자를 열자 불규칙 변광성이 쏟아져나온다. 리본을 풀 때마다 캐럴이 울린다. 오리온의 거룩한 수태고지가 행성 맨 꼭대기에서 예언되고 있다.

D+∞

캐럴이 쏟아진다. 귀하고 따뜻한 눈을 맞는다. 설원과 오두막이라는 장치는 어쩌면 클리셰지만 필연적이어서 아내가 있으면 알맞겠다. 예정 없이 생긴 아내와 하릴없이 입김을 만들면 좋겠다. 손을 잡으면 우리가 지닌 체온과 탕진할 계절을 가늠할 수 있겠다. 크리스마스트리성운은 오리온대성운에 속해 있다. 헤아릴 수 없는 별이 성운 안에서 태어나고 늙어간다. 생과 사가 동시에 이루어지니 성운은 이승과 저승의 경계 어느 곳이라고 해석해도 좋을 것이다.

크리스마스트리의 유래를 생각한다. 게르만족이 인간을 제물로 바쳤던 숲은 어떻게 생겼을까. 제물이 된 인간은 희생된

육신을 안고 멀리 가지 못했으리라. 영혼은 겨울이 오기 전 산짐승의 입김에 갇히거나 나무껍질에 새겨졌을 것이다. 그리하여 영영 살아 있을 인간이 숲에 쌓인다.

트리 꼭대기에는 천사 가브리엘 아니면 베들레헴의 별을 달아야 하는데 크리스마스트리 성운에는 무엇을 달아두어야 하나. 아름다운 거인이나 눈이 멀어 달과 사랑에 빠진 이, 아니면 물위를 걷는 어떤 것이 적합할지 모르겠다.

포세이돈의 아들인 오리온은 물위를 걷는 능력이 있다. 사냥에 능하고 외모까지 출중하니 두려울 것이 없었다. 그런 그의 허풍과 오만에 노한 신들이 오리온의 눈을 멀게 한다. 그는 태양신 아폴론 신전에서 치료를 받아야 한다는 신탁을 받는다. 눈이 먼 오리온은 오직 헤파이스토스의 망치 소리에 의지해 바다를 건넌다. 그리고 도착한 신전에서 아폴론의 쌍둥이 남매인 달의 신 아르테미스를 만난다. 오리온과 아르테미스는 한순간에 사랑에 빠진다. 그러나 아폴론은 둘의 사이를 탐탁지 않게 여긴다. 아폴론은 오리온에게 황금 투구를 건네고 먼 바다로 나가게 한다. 그 틈을 타 승부욕이 강한 아르테미스의 성격을 이용한 아폴론은 노란 섬을 가리키며 활쏘기 내기를 제안한다. 사랑하는 사람의 머리를 겨눈 것을 모른 채 아르테미스는 황금 섬을 정조준한다. 해안가에 떠밀려온 오리온의 싸늘한 시신을 본 아르테미스는 오래 슬퍼한다. 그리고 가장 밝은 별을 모아 오리온을 하늘로 올려준다.

게르만족의 숲과 캐럴이 쏟아지는 오두막에서 아내를 기다린다. 크리스마스트리 성운을 밤하늘에 펼친다. 그곳에 성탄절을 장식할 이야기를 걸어둔다. 전구에 갇힌 별이 트리에서 깜박인다. 꼭대기엔 슬픔에 빠진 거인이 보인다. 오리온에겐 어떤 선물을 주어야 할까.

쌍둥이자리

배태하는 백조의 아이들: 북하北河의 껍질

D+391

쌍둥이자리의 마주잡은 손, 이오타

강한 힘, 용맹함, 약탈을 즐김, 폭발하는 유성군을 소유, 조밀한 산개성단을 함께 소유, 애칭, 혼잣말을 즐겨 함, 리라 소리와 뱃사람들의 맹세, 다양한 알을 포란함, 복황란, 우애, 다혈질, 열이 많음, 과묵한 편, 물사의 몸, **식변광성**, 신비로운 출생, **모호함에 관한 말투**, 동반성, 그러면서 개별적인 성격, 중간에 멈춘 천체의 세포분열; **샴**, 하나의 모체, 둥근 몸과 피부, 주황빛 손금.

D+397

 걸을 수 없다. 바닥에 깔린 알을 보니 뒤꿈치가 들린다. 행성에는 다양한 크기의 알이 있다. 처음에는 바위나 돌로 인식하였으나 가까이 본 물체에서 미세한 진동이 느껴졌다. 어쩐지 숙연한 이곳의 분위기도 한몫한다. 게다가 행성은 부화에 적합한 온도를 가졌다. 주변에 널린 동그란 물체가 알이라는 걸 확신하는 이유는 지금 알에서 나무가 나오고 있기 때문이다. 나오고 있다는 표현이 맞는 것인지 모르겠지만 나뭇가지는 기지개를 켜는 것처럼 껍데기를 털고 있다.

 온전하게 자란 나무가 알에서 나오다니. 심지어 나무의 한쪽엔 물기 많은 열매가 열려 있고 또다른 쪽엔 독성을 띤 파란 꽃이 피어 있다. 꽃에서 갓 태어난 냄새가 난다. 완성된 생물이 뚝딱뚝딱 알에서 깨지는 중이다.

손바닥만한 알을 하나 줍는다. 뭐가 들어 있을까. 흔들어보려다가 식물이 아니면 어쩌나 싶어 그만둔다. 식물이어도 문제다. 어릴 적 부화기 온도를 잘못 설정하여 타버린 열대 과일이 생각난다. 까맣게 탄 과일을 묻어주며 미안하다고 중얼거렸던가. 이듬해 사용법을 익혀 열대 과일이며 밀림의 그림자를 알맞게 익혀 먹곤 했다.

D+400

 놀라운 건 내가 우주를 표류한 지 사백 일이 되어서가 아니다. 알에서 깨어나는 생물이 특정 부위를 두 개씩 가진다는 것이다. 가령 윤기 나는 털을 가진 야생황금돼지는 둥글고 귀여운 코가 두 개였고(콧구멍이 네 개인 셈이다), 큰 날개를 가진 야광백조는 부리가 두 개였다. 어떤 과일은 안면 근육이 자유로웠으며(찡그리는 동시에 가지런한 치열을 환하게 드러내었다), 알에서 깨진 물방울까지도 겹쳐진 속내를 가지고 있었다.

 이곳은 생물뿐 아니라 필요에 따라 계절도 부화할 수 있다. 구름에 떠 있는 알들이 천둥에 맞춰 껍데기를 깨는 일이 흔한 곳이었고 파각하여 비가 내렸을 땐 어처구니가 없었다. 속을 숨긴 빗물은 늘 미지근했다. 생물 한둘쯤 돌연변이겠거니 여겼지만 행성의 모든 생물이 샴쌍둥이의 성질을 가지고 부화하는 행위는 지속되었다. 그건 신비롭고 영험한 쪽에 가까웠다.

D+404

 호수에 다다른 건 백조가 알에서 나올 때였다. 일반적인 새와 다르게 백조는 어딘지 처연하고 고귀한 구석이 있다. 아마도 긴 목이 그 편견에 일조하리라. 부스러기를 터는 백조는 목이 두 개였다. 유연한 목이 서로를 휘감으며 물가로 나아간다.

 야광백조는 밤에 봐야 진가를 알 수 있다. 모성에선 축제 기간이면 은은하게 물을 빛내는 백조의 행렬을 보기 위해 많은 사람이 모여 숨을 죽인다. 백조의 행렬이 끝나면 사람들은 천막으로 모여 인간 행렬을 보인다. 거기선 보기만 해도 이가 아픈 달짝지근한 먹을거리와 아이들의 환심을 사는 장난감을 판다. 그러면 나는 정직하게도 항상 환심이 팔렸고 그중 무엇이

들어 있을지 모르는 알 세트를 사달라고 발을 굴렀다. 누구의 알인지 모를 잡다한 알을 품에 안고 돌아오는 날은 녹록지 않은 꿈을 꿨다.

발 빠른 장사치는 축제 전부터 백조의 떨어진 깃을 모아두었다가 기념품으로 팔았다. 와중에 밀렵꾼이니 동물 학대범이니 불법이 횡행하는 바람에 천계의 밀거래가 만연한 항성의 먼지 고리는 언제나 시끄러웠다. 왁자한 꿈에서 나는 늘 털이 뽑힌 야광백조나 부화를 기다리는 알이나 명왕성의 어느 감옥에서 형을 사는 밀렵꾼이 되었다. 땀에 젖은 나는 잠에서 깨면 부화기의 불빛을 오래 바라보았다. 뜬눈으로 밤을 새우고 다음해엔 과자를 사 먹고 치아나 망쳐야겠다고 다짐했다. 그러나 정직한 나는 발을 구르지 않아도 될 나이가 지났음에도 매년 환심이 팔리고 말았다.

D+407

 데칼코마니 언덕에서 갈라지는 알은 반듯하다. 막 깨어난 생물은 성체임에도 불구하고 순한 성격이다. 스스럼없이 다가가 몸을 비비고 체향을 맡는다. 어리광을 피우는 야생황금돼지의 두번째 코를 만져주다가 언덕에 눕는다. 고개를 돌리자 알에서 제멋대로인 풀이 나온다. 이 들판은 어떤 염색체와 세포분열의 과정을 거치고 있는 것일까. 완벽하게 쪼개지는 나무를 실제로 가른다면 살 수 있을까. 물기 많은 열매는 물을 그대로 간직할 수 있을까. 부화하기에 친절한 이곳의 날씨와 고요한 주변을 생각해보니 행성이 마치 거대한 생물을 품고 있는 것처럼 느껴진다. 둥그렇게 말린 배꼽을 따라가면 카스토르와 폴리데우케스의 맞잡은 손이 나올 것이다.

D+414

쌍둥이께,

이분법은 오래전에 엉망이었습니다. 낮과 밤이라든가 앞면과 뒷면, 빛과 그림자, 흑과 백의 분리는 세상이 눈감아주는 순진한 상징입니다. 맞잡은 손은 분리되지 않을 것입니다. 처음부터 쌍둥이는 하나였을 겁니다.

그래서 나는 단정짓는 말보다 이중적이라는 말이 듣기 좋습니다. 착하구나, 순종적이구나, 파란색이구나, 라는 말처럼 못된 말을 들어본 적 없습니다.

선이 단정한 동그라미를 보면 어째서 기분이 상하는 걸까요. 둥근 몸을 가진 것은 왜 조바심에 가까운 마음을 기르게 할까요. 카스토르와 폴리데우케스의 손이 겹쳐진 행성은 어떻게 이다지도 무수한 조바심을 포란하고 있을까요. 몸을 겹친 이곳으로 두근거리는 알들이 당도합니다. 알은 행성의 다채로운 심장일 수 있겠습니다.

D+419

쌍둥이께 다시,

한 몸을 공유하는 것은 생각이겠습니까, 마음이겠습니까. 알에서 무엇이 나올지 모릅니다. 알은 스스로가 무엇일지 궁금해합니다. 쏟아지는 유성우는 잠든 아이의 꿈속이거나 깊은 잠 그 자체일지 모릅니다. 부화하지 못한 알은 어떻게 해야 합니까. 이름을 붙여주는 건 어떻습니까. 빈 마음에 둥지를 틀고 아이들의 태몽을 품어보는 것은 또 어떠합니까.

D+421

 이오타의 저녁이 접힌다. 짙은 하늘은 금세 밤이 된다. 아침도 비슷한 방법으로 밝아온다. 형제의 맞닿은 손에서 행성은 자주 칠해진다. 한 몸을 두 명이 사용해야 하므로 누구보다 가볍고 자유로운 영혼을 지닌 이만이 쌍둥이로 명해진다. 서로의 몸을 안고 그대로 굳은 알은 이오타의 유성군이 되어 빠른 속도의 별똥별이 된다. 알은 지상의 소원이 되거나 기분 좋은 환상이 된다. 그리고 환생이라는 이름을 얻는다.

 알에는 불가피한 세계가 있고 무수한 시간이 들어 있다. 따뜻한 알 하나를 쥔다. 심장 소리가 내 것과 닮았다. 껍데기와 촘촘한 막에 숨을 불어넣는다. 어느 생에 한번 모태를 기약한다면 우리의 운명이 동일하기를. 그리하여 당신과 나의 환생이 일시에 쏟아지기를.

D+∞

 내게는 어린 오빠가 있었다. 육 개월 만에 태어났으니 비범한 출생이었다고 여기기로 했다. 아기는 인큐베이터에 들어가기 위해 알 같은 기계에서 한 달을 지냈다. 부화하기 전의 백조처럼 눈을 감고 가만히 숨을 쉬는 일이 다였지만 높은 콧대나 유독 긴 팔다리를 가진 것을 어머니는 오래 기억한다.

 오빠가 잠들어 있던 알에는 단단한 태몽이 있었고 무엇으로도 통과할 수 없는 장막이 켜켜이 몸을 휘감고 있었다. 장막의 주름을 펼치면 어느 날은 흐드러진 꽃 무더기가 뺨에 닿았을 것이고 어느 날은 소나기가 들려주는 동화를 들었을 것이다. 그런 위안이 없다면 삼십 일을 살고 죽은 어린 오빠와 응급실 앞의 젊은 나의 어머니를 품어줄 방법이 없기 때문이다.

 겨울밤 하늘을 베개 삼아 누운 쌍둥이자리는 카스토르와 폴리데우케스 형제의 이야기를 담고 있다. 백조로 변신한 제우스와 스파르타의 왕비인 레다는 사랑을 나눈다. 레다는 두 개의 알을 낳았는데 그 알에서 태어난 아이 중 한 쌍이 카스토르와 폴리데우케스 형제다. 둘은 우애가 깊기로 유명했다. 어느 날 형 카스토르는 싸움을 벌이다 목숨을 잃는다. 폴리데우케스는 형의 복수를 한 후 제우스에게 찾아가 자신이 죽을 수 있게 해달라며 애원한다. 신의 피를 더 진하게 받은 폴리데우케스는 불사의 몸을 지녔기 때문이다. 이에 제우스는 영생보다 우애를 택한 형제를 기리기 위해 둘을 하늘로 올린다. 그리고 하루의 반은 시성에서, 나머지 반은 지하에서 지낼 수 있도록 허락한다.

 동쪽에서 떠서 서쪽으로 지는 쌍둥이자리가 지평선을 중간으로 반나절씩 오가는 이유다. 어째서 하늘에 뜬 쌍둥이를 보며 얼굴도 본 적 없는 오빠를 떠올린 건지 알 수 없다. 이름이나 태명 없이 '산모의 아기'로 불린 오빠가 어느 행성에서 콧대가 예쁜 아이로 자라는 일과 기골이 장대한 청년이 되는 일을 가늠해본다. 그러므로 진공상태로 멈춘 그날의 슬픔은 이 세계에 존재하지 않을 것이다. 보자기에 싼 아기를 화장터로 데려가는 장의사도 없을 것이다. 내겐 영영 어릴 오빠와 그해 겨울 한 번도 울지 않았다는 어머니는 더더욱.

작은개자리

....
....

귀애하는 나의 반려

D+422

작은개자리의 울음 고인 눈, 고메이사

순한 마음, 순종적인 꼬리, 순결한 목덜미, 시리우스를 섬기는 행성, 홍수를 예고하는 **예민한 오감**, 간지러움에 약함, 평화, 순정, 고통에 무결한 곳, 사뿐한 걸음걸이, **반려의 환생 순환로**, 길 잃은 무지개가 모여드는 곳, <u>발바닥얼매</u>, 생태계 파괴자 혹은 **피라미드 무법자**, 젖은 눈동자, 빛나는 코, 부드러운 몸, 대삼각형에 속함, 흰 피부, 우아한 체온, 나른한 낮잠과 **꺼지지 않는 오후.**

D+425

 행성은 전적으로 사랑스러워서 웃음이 나온다. 무릎까지 오는 풀은 허리가 길다. 들판은 바람이 만져주는 대로 고른 결을 가졌다. 풀 끝에는 동물의 꼬리와 비슷한 솜털이 옹기종기 붙어 있다. 큰바람에도 행성의 오후는 밀려나지 않고 백색을 유지한다. 회오리바람을 타고 모험을 떠난 도로시가 도착한 곳이 이곳 고메이사는 아니었을까.

 행성엔 사랑받는 식물이 많다. 약초로 쓰이거나 예언적 성격을 지닌 귀한 잎사귀는 없지만, 은하의 예쁜 꽃말을 가진 식물이 주를 이룬다. 포개진 잎을 열면 꽃대는 각각의 꽃말을 소곤거린다. 연두와 보라가 섞인 꽃송이를 열자 파스텔 질감으로 단어를 뱉는다. 그사이 몇 송이가 저절로 개화하여 말을 튼다. 들판은 시끄러울 법도 한데 골목의 아이들 웃음처럼 맑고 높은 것을 가져서 청량하다.

D+429

 은하의 꽃은 가지고 있는 꽃말이 은밀할수록 짙은 색이다. 꽃의 자유를 보장하기 위해 화권花權 보호 단체에서는 무분별한 접붙이를 금지하는 법안을 냈다. 그로 인해 천체에는 새로운 법률이 매일 제정되었다. 법안이 통과된 데는 블랙홀 근처에서 번식하는 식물의 힘이 컸는데 불모지 출신답게 말발이 아주 셌다. 나는 우주의 미아가 되기 전까지 떠들썩했던 화권에 대한 여론과 신문의 대서특필을 심드렁하게 여겼다. 그럼에도 보도를 주시한 것은 가시꽃의 말투가 전투적이었기 때문이다. 순종적이거나 까칠한 종뿐만 아니라 싸움에도 능한 식물종족이 있는 것이 흥미로웠다. 법안으로 시끄러운 와중에 연인들은 다양한 고백을 위해 기상천외한 꽃말을 제조했다. 한동안 로맨틱한 이유로 은하의 감옥이 채워지는 일 또한 즐거운 가십이었다.

 그리고 고메이사의 청량한 들판을 지나 도착한 '붉고 그러나 푸른 정원'에는 심해의 물빛을 담은 장미가 피어 있다. 거리낄 것 없는 행성의 원초적인 성격으로 꽃은 마음껏 본능에 충실했던 것 같다. 가까이서 본 장미는 어둠을 빨아들이듯 두꺼운 색을 가졌다. 봉오리가 터지기 시작한다. 장미의 꽃말은 적나라해서 많은 낭만이 깨어나기 전에 정원을 지나쳐야 했다.

D+434

 이곳에서 며칠을 머물렀던 것은 쓸어주는 대로 몸을 기울이는 풀이 사랑스러워서가 아니다. 꽃의 사탕발림에 매료되어서도 아니다. 말캉한 발바닥이 열리는 나무를 도저히 벗어날 수 없기 때문이다. 동물의 축축한 코보다 소중한 것이 있다면 보기만 해도 간지러워지는 발바닥이라고 단언한다. 발바닥열매라니. 하찮고 귀여워서 말문이 막힌다. 나무 그늘에 누워 있는 나는 뭉툭한 앞발을 가진 고양이와 강아지에게 고스란히 밟힌다. 오가는 길목을 막았구나, 미안해. 오후는 나른하기만 해서 곁으로 온화한 볕이 쏟아진다. 낮잠을 가장 잘 이해한 바닥에 볕이 뛰어놀고 있다. 고양이와 강아지는 배를 보이며 뒹굴다가 서로의 털을 핥는다. 여기선 뜬금없는 일이 자연스럽다. 가령

공작새 깃에 자리를 잡은 도롱뇽을 본다거나 금붕어의 지느러미를 간질이는 가재를 보다가 '둘이 어떤 사이였더라?'를 되뇌는 것이다. 생태계 파괴라기보다 생태계 구축에 가깝고 구축보다는 완화에 어울린다.

고메이사의 하늘엔 위성보다 거대한 무지개가 있고 스펙트럼을 타고 순한 성정을 가진 생물이 내려온다. 시간 여행이나 공간 이동에 관한 이해로는 설명할 수 없는 경계가 느껴진다. 색이 넓어지는 하늘을 보려고 목을 뺀 채로 걷다가 나무에 부딪힌다. 이곳을 떠나게 되더라도 발바닥열매가 낙과하면서 이마를 치는 촉감은 두고두고 생각날 것이다.

D+442

안녕 마이라,

  고대 문명의 번영기를 맞았던 나라에서 너는 재난을 경고하는 별자리였어. 아지랑이와 오아시스를 동시에 머금은 그곳의 모래를 본 적 있니. 열기가 신비한 표정을 가진 선인장으로 자라나는 매혹적인 곳이었다고 전해져. 때때로 스콜의 촉수는 신기루가 되기도 했다지. 게다가 큰개자리 주인인 시리우스를 숭배하는 문화권이어서 개의 머리를 한 아누비스라는 신도 생겨났지. 인간이 신을 만들다니, 우습지 않니? 신화에 따르면 아누비스는 죽은 이의 심장을 진리의 저울에 매달아 그 무게로 저승길을 열어주었대.

그러므로 마이라,

포도나무에 묶이지 않아도 좋아. 기다리지 않아도 좋아. 버려지거나 유기당하지 않아도 좋아. 인간을 이승의 문턱에서 헤매게 만들어도 좋아. 나일강을 범람하게 만들어도 좋아. 오만하고 호기로운 이 종족을 파멸로 이끈다 하더라도, 다 좋아.

D+449

 고메이사의 무지개를 타고 누군가의 반려들이 속속들이 도착하고 있다. 다양한 종이 어울려 하나의 무리를 이루고, 원을 완성한다. 인간이 관여할 수 없는 행성에서 인간의 말을 빌려온다면 고메이사는 평화롭다. 갈등과 고통이 사라진 반려동물 영혼의 환생소, 혹은 끝없는 무지개와 오후가 꺼지지 않는 백야의 행성.

 이곳의 아이들은 생애 가장 예쁜 모습으로 시간을 보낸다. 시간을 보낸다는 것은 도착하지 않은 날이 있다는 것이고, 기약 없는 손가락을 나누기로 했다는 것이다. 주어진 기간을 알고 있니? 맑은 눈을 들여다본다. 반려가 자신의 반려를 기다리는 동안 절뚝이는 다리와 잘린 꼬리는 탐스러운 모습으로 돌아온다. 살갗과 비늘에 윤기가 차오른다. 시든 잎맥에 물기가 수혈된다. 둥근 코가 축축해지고 결핍된 마음에 살이 오른다. 자유로운 스펙트럼을 미끄럼틀 삼아 즐거워하는 앵무새를 본다. 무지개앵무가 지나온 자리마다 하늘에 둥근 언덕이 생긴다.

D+453

 고메이사는 종일 반가워한다. 은밀한 꽃밭과 부드러운 들풀은 바람이 부는 방향으로 꼬리를 흔든다. 찾아오지 않는 추위와 어둠이란 은하에서 이곳이 유일하리라. 반을 가지는 일과 반을 나누는 일에 대해 생각한다. 맹목적인 감정과 조건 없는 애정은 이 행성을 거쳐간 반려만이 가지는 천성일 것이다. 길러져야 하는 일과 길러야 하는 일 또한 서로의 육신이 아닌 마음의 스펙트럼을 안아주는 일이라는 것을 깨닫는다.

 가엾고 사랑스러운 것은 잃어버리기 쉽지. 유기된 행성을 이곳으로 안내해줘. 무지개가 뜬 북방으로 걸어가자. 오후는 꺼지지 않는다. 움푹 파인 하늘을 본다. 영혼이 순환하는 쉼터에서 오래지 않아 만나게 될 나의 반려, 안녕.

D+∞

 학교 앞에서 파는 병아리는 오백 원이었다. 어린 나이였기에 털에 알록달록 물을 들인 병아리를 걱정하기보단 당시 전국적으로 유행했던 '브릿지 포인트 컬러 염색'을 저런 색으로 하고 싶어했던 것 같다. 얕은 박스에 빨강, 주황, 노랑, 파랑으로 엉켜 있는 병아리는 풀꽃으로 덧댄 수채화 같았다. 아저씨는 비닐봉투에 사료 한 주먹을 담아주었는데 대개 병아리는 한 주먹도 안 되는 시간을 살았다. 집으로 간 병아리는 아이들과 함께 혼이 나고, 함부로 버려졌다. 반에선 누구네 병아리가 더 오래 살았는지 겨루곤 했지만 일주일이 지나면 더이상 아무도 이야기를 꺼내지 않았다. 그럼에도 오래 슬퍼하는 아이에게 어른들은 원래 병든 것을 샀던 거라며 죄책감을 덜어주었다. 미취학

아동에서 갓 벗어난 병아리들에게 누구도 책임을 묻지 않았다.

　호기심은 잔혹한 모습으로 변할 때가 많아서 아이들은 순진한 불살로 세상을 곧잘 속였다. 잠자리의 날개라든가 꽃게의 집게는 작은 손에서 찢어졌고, 그럴 때마다 계절을 얇게 펴 바른 바람이 함께 스러졌다. 병아리를 던진 일과 마당에 작은 봉분이 생긴 일은 내게 오랜 비밀이었다. 그리고 누구도 알려준 적 없지만 동물의 사체는 조심스럽게 만져야 한다는 것을 직감으로 알았다. 죽음이란 조용하고 부드러운 것에 가깝다는 사실 또한. 비장한 손으로 노란 털을 심고, 봄에 병아리가 열리면 그때는 아주 잘 길러주어야지, 라는 생각은 '바른 생활' 교과서를 떼고 난 뒤에도 사라지지 않았다.

　그럼에도 내게 감당하지 못할 상황이 생기년 아직까지 병아리 소리가 들린다. 무책임한 일에 무기력해질 새 없이 장알거리는 소리가 마당의 봉분을 군데군데 넓히는 것이다. 지금까지 토마토 하나에도 이름 붙이지 못하는 건 그런 이유에서다. 태풍 치는 날 어린 길고양이를 데려와 하루쯤 쉬게 하는 일조차 나는 가져본 적 없다.

작은개자리의 주인공은 이카리오스의 충견 마이라다. 이카리오스는 술의 신 디오니소스를 숭배하여 포도주를 그리스에 최초로 전파한 인물이다. 그는 축제가 열린 곳에서 포도주를 빚어 사람들에게 대접한다. 술에 취한 사람들은 점점 뜨거워지는 몸을 제어할 수 없게 된다. 그리고 몇몇은 몸을 가누지 못해 쓰러진다. 이에 자신들이 독을 마신 것이라 착각한 사람들이 포도주를 빚어 온 이카리오스를 잔혹한 방식으로 살해하기에 이른다. 포도나무에 묶여 그 광경을 본 마이라는 주인이 묻힌 자리를 떠나지 않는다. 그리고 자신이 죽을 때까지 그곳에 머무른다. 이후 마이라는 충직한 공로를 인정받아 사후에 하늘로 올라가 작은개자리가 된다.

반려동물과 유대 관계를 형성한 사람을 보면 부러운 동시에 부끄러워진다. 여전히 책임지는 일에 대해서 나는 가난한 마음을 가졌기 때문이다. 봄이 되어도 휑했던 마당의 봉분은 내 유년의 체기로 남아 있고, 내장이 튀어나온 채 삐악삐악 울었던 병아리는 한 주먹의 생을 사는 동안에도 내 옆으로 와 체온을 나누어주었다. 그 온기로 여덟 살의 나는 어느 맹목적인 감정을 알게 되었다.

컵자리

칸타로스에 담긴 주신酒神의 환각

D+454

디오니소스의 술잔, 알케스

애주가, 여덟 조각의 몸, 나누어진 영역, 넘치는 생명력, 환희와 고통을 즐김, 덩굴의 주요 서식지, 화환과 곱슬머리, 지팡이, 작은 북, 환각 포도주, 마비의 바다, 정액, 과수원을 보유, 나약기, **광기**, 즐기위하는 안벼익 사자와 사막의 표범; 해방, 능동적인 태도, 풍요로운 성격, 수확한 저녁들, 도취한 말투, 횃불과 밤, **수레에 쌓인 황홀한 술**, 본능적인 이목구비, 어성적 안정신, 야생의 몸, 광란과 숭배, **미쳐 날뛰는 디티람보스.**

D+457

　기후는 열대지방에 가깝다. 알케스에 도착하자마자 두꺼운 우주복을 벗는다. 그리고 얕은 바다에 몸을 담근다. 주황색 점으로 보였던 별이 해수면의 색깔이었다니. 신비로운 색이 눈동자를 찌른다. 순식간에 들어오는 색에 놀란 눈꺼풀이 멀뚱하게 해수면을 내려다본다. 주황빛으로 반질거리는 행성에서 액과의 단내가 난다. 여덟 대양으로 갈라진 행성은 여러 이미지를 가지고 있다. 황폐하게 마른 불모의 땅, 거대한 돌로 이루어진 암벽 지대, 긴 덩굴이 수세기 동안 엮여 서로를 안게 된 줄기들의 섬. 자주색 알맹이가 사방에 깔린 풍요로운 대륙의 다양한 분위기가 흐르는 알케스는 묘한 활력을 띠는 곳이다.

D+464

갈증이 인다. 수영으로 해소되지 않는 후덥지근한 더위다. 열매가 나뒹구는 해안가에서 젖은 몸을 말린다. 며칠 행성을 탐사하며 깨달은 건 주황빛의 바다는 뜨거운 기후가 액과를 짜낼 때 만들어진 산물이라는 것이다. 발바닥에 붙은 과실을 떼어낸다. 물가에 떠다니는 싱싱한 열매는 곧 즙을 터뜨리며 가라앉는다. 해지에는 막대한 양의 열매가 오랜 시간 고여 있을 것이다. 발효된 행성의 화석을 꺼내 와 베어 문다면 아삭거리는 소리가 날지 모르겠다. 은하의 애주가를 상대로 값비싼 고체 술을 빚어도 좋겠지. 찌꺼기를 모아 향수를 만든다면 불티나게 팔릴 것이다. 엄지발가락 사이에 붙은 껍질을 마저 버린다. 상당히 장사치 같은 면모를 뽐내는 스스로가 상스럽고 귀

엽다는 생각을 한다.

D+466

 알케스의 식물은 과즙으로 살을 찌운다. 그리고 취한 상태로 잎사귀를 틔운다. 매일이 숙취인 포도나무가 큰 알을 풍선처럼 달고 있다. 내가 알던 포도는 알알이 이루어진 과일이어서 한 아름 안아야 하는 커다란 것과는 거리가 멀었다. 모성에서도 품종개량을 거듭하며 알맹이를 키웠지만 이만한 크기의 자연 과실을 보는 것은 처음이다. 터질 것 같은 과육을 껍질은 간신히 막고 있다. 땅에는 으깨진 과육과 낙원을 맞이한 벌레들이 더듬이를 세운다. 천체곤충백과에서 본 것이 맞는다면 무리를 지은 벌레는 '퀘뎀네바투알'로 모든 은하의 지질시대에 공통으로 발견되었던 종이다. 설에 따르면 퀘뎀네바투알이 서식하는 곳은 생명력이 끊이지 않는 땅이어서 언젠가 호화로운 번영을 맞는다고 한다. 정보가 틀림없다면 포도꽃이 흐드러진 이곳은 아주 오랜 시간이 지난 뒤 찬란한 문명을 맞게 될 것이다. 과수원에선 풍미 가득한 향이 난다. 냄새에 홀려 시원한 열매를 삼킨다. 빠르게 취해버린 건 축복의 정령이라는 별명을 가진 원시 곤충을 직접 본 사실이 나를 들뜨게 했기 때문이다.

D+469

취할수록 오감이 살아난다. 정신은 또렷하고 몸은 무기력하다. 알케스의 중력이 그대로 느껴진다. 땅에 납작하게 붙은 몸 위로 대기가 무겁게 내려앉는다. 눈은 감겨 있지만 옆에서 과육을 파먹는 곤충의 솜털이 보인다. 날개를 접었다 펴는 미세한 떨림까지 느껴진다. 행성은 여러 번 뒤집히고 푹신한 덩굴에 누운 나를 제외한 채 모든 것이 자전한다. 내핵이 뿜어내는 소리와 덩굴의 맥박이 들린다. 주변을 감싼 덩굴이 신비로운 구전을 들려주는 것처럼 나른하고 풍요로운 잠이 쏟아진다.

D+470

 꿈에서 물위를 걷는 표범떼를 본다. 그와 함께 사나운 무늬를 가진 짐승을 길들이는 누군가를 만난다. 짐승이 가진 사나운 무늬는 파도를 닮았다. 누군가는 저편의 섬에 보이는 연기와 불을 가리킨다. 내게 포도 덩굴로 이루어진 화관을 씌운다. 그리고 표범의 등에 앉힌다. 주황빛 바다를 건너 도착한 섬에는 신도들이 알몸으로 발을 구른다. 원을 그리며 춤을 춘다. 술에 취한 모두가 횃불을 들고 있다. 밝아진 둘레에 얼굴이 보인다. 낯설지만 유명한 얼굴이다. 위인전에 꽂혀 있던 철학자가 꼭 저런 수염을 가지고 있었는데. 환산할 수 없는 업적을 가진 조각가의 이마가 저 모양이었지. 노래에 맞춰 북을 치자 땅이 울린다. 알케스의 심장이 함께 뛴다. 몸이 붉은 신도에게서 으깨진 과육과 같은 향이 난다. 나는 의식의 중심에 있다. 큰 원을 만드는 예술가들이 점점 더 속도를 낸다. 뜨거운 횃불과 광신도의 동그라미 안에서 나는 제물로 바쳐진다. 바다에 번지는 붉은색이 피라는 것을 깨닫는 순간 눈을 뜬다. 그러나 꿈에서 깨지 않는다.

나는 무슨 제물인가요. 어떤 용도로 사용될까요. 무엇의 기원과 안녕을 바라야 하나요.

D+480

 며칠을 아무것도 하지 않는 데에 사용했다. 행성은 생각보다 훨씬 진하게 발효되어 있었다. 알케스의 포도나무는 환각의 도수가 측정 불가할 정도로 높은 수치일 것이다. 행성에서 보낸 시간은 모두 환각이었다. 그것을 이해한 것은 정신이 돌아온 후 머리를 두들겨맞은 듯한 통증이 일었을 때다. 주위를 둘러보니 나는 아직 해안가에 누워 있었다. 그리고 짐작했다. 알케스에 도착하자마자 뛰어든 액과의 바다에서 나는 이미 마비와 환각을 앓고 있던 것이라고. 숙취에서 해방된 몸은 더이상 어떠한 조갈도 나지 않았다. 그저 이곳을 떠나야겠다고 생각했다.

 다음 행성으로 향하는 지도를 발견한 건 금방이었다. 포도

꽃이 잔뜩 핀 수상한 수레에서 양피지가 순진한 얼굴로 앉아 있었다. 알케스를 떠날 때까지 이것 또한 환각은 아닐까 의심했다. 나는 주황빛 바다에 가라앉은 익사체가 더듬는 한나절 숙취거나 혹은 디오니소스에게 바쳐진 알케스의 제물일지도 모른다는 생각에 걸음을 빨리했다.

D+483

 멀쩡한 정신으로 본 행성은 저녁을 수집하는 데 능숙했다. 알케스는 새벽이 되면 그날 모은 위성과 바로 옆 까마귀자리로 떨어지는 별똥별을 채집하여 술을 빚었다. 바다에 넘실거리는 과일과 심연에 잠긴 유성이 빛을 뿜어내는 광경은 낭만적이었으나, 한 달을 해안가에 누워 환각으로 인해 실실거리던 나를 생각하면 오싹해진다.

 술잔에는 도취와 황홀경의 상태, 그리고 무기력한 육신이 담긴다. 취하면 하지 못할 말들과 취해서 할 수 있는 말의 경계가 섞인다. 용기 있는 헛된 일과 비겁하지만 헛되지 않은 일의 중심 또한 술잔에 섞인다. 망각과 환상으로 치닫는 당신의 실언은 내가 된다.

D+∞

 목련이 피면 술집은 야외 테이블을 개방한다. 카디건을 걸친 사람들이 자유롭게 거리를 활보하고 살랑거리는 바람이 분위기를 돋우는 저녁. 그 시기쯤 동아리에서 연습을 마친 우리는 늘 땀에 절어 있었다. 단전에서 시작되는 갈증을 해소하기에 흥성거리는 밤만큼 유혹적인 게 없었다. 금요일은 거장파(거품에 환장한 파벌)가 슬러시 같은 살얼음 생맥주로 술자리를 주도했고, 토요일은 정정파(정통 순정 파벌)가 미간이 알싸해지는 소주를 밀었다.

 술보다 유리잔에 맑게 부딪히는 소리가 좋았다. 쨍— 하면서 파생되는 술의 결이 마음에 들었다. 거리에는 아끼는 노래가 흐르고 몸을 가누지 못하는 어린 연인이 있었다. 고백을 거절 당한 마음과 전봇대 그늘에서 새어나오는 울음은 당시 내가 좋아하는 것이었다.

나는 마니아층이 적은 온고지신파(고집이 세다고 '흥선대원군파'라고도 불렀다)였다. 선조의 뜻을 따라 옛것을 익혀 새로운 것으로 나아가기 위해 막걸리에 이것저것 섞어 먹는 것을 좋아했다. 거장파와 정정파는 딸기 막걸리와 청포도 막걸리를 두고 끔찍한 혼종이라며 시비를 걸었지만 꿀 막걸리 앞에선 모두 얌전해졌다.

양은 주전자에 담긴 꿀 막걸리는 사이다와 꿀이 섞인 차가운 술이었다. 세트로 나온 양은 잔에 가득 부어 마시면 목이 화해지면서 냉랭한 기운이 혈관으로 퍼졌다. 막걸리는 목젖 아래의 골짜기를 따라 몸에 스며들었다. 입안을 진득하게 감도는 액체는 톡 쏘다가 금세 달콤해졌다. 우리는 잘 끓인 우유처럼, 막걸리의 뽀얀 결을 몇 잔이고 부딪치며 밤을 탕진하곤 했다. 귀에 열이 올랐지만 한 주전자를 더 시켰다. 뺨에 닿는 바람이 시원하고, 목련이 속살거리는 봄밤은 어떤 실수도 용납할 것 같았

으므로.

 그것은 어쩌면 컵자리가 지닌 속설을 맹신하는 까닭일지 모를 일이다. 컵자리는 아폴론의 물컵과 디오니소스의 술잔이라는 두 가지 설을 가진다. 그러나 아폴론보다 디오니소스의 유래를 더 가까이하는 것은 양은 잔에 부딪힐 봄밤이 머지않았기 때문이다. 또한 그리스의 12신 중 인간의 피가 섞인 유일한 주신酒神을 많은 예술가가 좋아하는 이유이기도 하다. 사실 아폴론과 디오니소스가 동시에 거론되면 주지하듯 니체의 『비극의 탄생』이 따라 나온다. 인간의 삶과 예술은 '아폴론적인 것'과 '디오니소스적인 것'의 영원한 투쟁으로부터 발전된다고 보았던 니체가 어쩌면 현대 컵자리의 진정한 주인일지 모르겠다.

 시인들은 봄이 되면 흥청망청 술을 따르고, 춤을 추고, 쓰는 일을 반복할 것이다. 허무$_{\text{vánitas}}$까지 가지 않더라도 평생 헛된 일을 술 마시는 데 사용할 것이다. 그리고 다시 참에 가까워지기 위해 글을 쓰겠지만, 그것 또한 헛된 일이라 여길 것이다. 그러나 니체의 주장처럼 이러한 충돌 사이에서 우리의 삶은 가치를 찾을 것이다.

디오니소스의 술잔에 채울 행성은 또 어떤 모양으로 출렁거릴지. 헛되고 헛되지 않은 일 사이에서 나는 도래할 계절을 맞이한다.

까마귀자리

자오선을 회전하는 오좌烏座의 낭설

D+484

까마귀자리의 부리, 알키바

 항온성 체질, 기억력이 뛰어남, 재간둥이, 총명한 피부, **골밀도**가 낮은 식물을 재배, 굵은 부리, 검은 억양, 샘솟는 동굴, 생기로운 입, 둥지와 보석, 원석 수집광, **영험한 깃털나무**, 슈 아낸 구름, 고인 말, <u>**아브라카다브라**: 원하는</u> 것이 있다면 말<u>해볼 것</u>, 기울어진 컵, 해소되지 않는 갈증, <u>생기로운 입술</u>, 어간질, 거짓말, **떠돌이**, 철새, 천상과 지상을 오가는 취미, 빗겨나간 태양의 총애, 버림받은 약속.

D+488

 숲은 까마득한 높이의 나무를 안는다. 몸이 긴 나무는 빈속이다. 주먹을 쥐고 두드리자 맑게 진동한다. 멀리 보이는 봉우리에 불균질한 기체의 구름이 깔려 있다. 목다공증木多孔症을 앓는 행성의 식물은 기둥이 듬성듬성 뚫려 속이 비친다. 서늘하다. 그 사이로 바람이 지난다. 나뭇가지를 붙잡고 아래를 내려다본다. 이끼가 붙은 줄기가 흔들린다. 바닥이 보이지 않는다. 아찔한 기분에 땀이 고인다. 바람은 몇 달 전 지나온 삼각형자리의 것과 닮았다. 기분 탓이겠지만 행성의 대답이 날카롭다. 목을 움츠린다. 컵자리의 환각을 피해 나무 꼭대기에 도착하다니. 절망하고 있기엔 시간이 모자라다. 우선 이 거대한 둥지를 만든 생물을 파악해야 한다. 팔이 달린 돌연변이 파충류라거나 더듬이가 살진 곤충이라는 가능성을 열어둔다. 뭐가 되었든 나보다 다리가 많은 것은 질색이다. 부디 식인을 취향 삼지 않기를 바란다. 먹먹한 구름은 천구의 각도를 가리고 있다. 하늘의 의중을 파악하기 어렵다. 낮과 밤을 짐작할 수 없다. 둥지의 주인이 오기 전에 내려갈 요량으로 줄기를 잡는다.

D+490

 몇 차례 시도로 깨달은 것이 있다면 옆 나무로 건너가는 편이 생존 확률이 높다는 것이다. 추락보다 발을 구르는 일이 용기 내기에도 적합했다. 상쾌한 속을 가진 나무는 비교적 촘촘하게 무리를 이룬다. 나무 사이를 야만인처럼 뛰어다니며 이곳 주인이 까마귀류의 한 종이라는 것을 파악했다. 상식을 벗어난 크기여서 처음엔 고생대를 맞은 원시 행성이라 여겼다. 고요한 숲에는 군데군데 파동이 생긴다. 행성엔 바람이 끊이지 않아서 많은 시간을 매달려 있거나 붙잡고 있어야 한다. 그래서인지 생명체 대부분은 날개가 있다. 그들은 비행에 탁월한 재능을 보인다. 때마침 수북하게 쌓여 있던 포자식물이 보드라운 몸을 펴 바람을 맞는다. 어깨에 앉은 홀씨를 털어내며 나는 깃털나무로 크게 뜀박질을 한다. 깃털나무는 흑백의 보송한 깃이 자라는 나무로 살랑거리는 속성이 야단스럽다. 보고 있으니 눈꺼풀이 간지럽다. 눈을 비비며 단단한 끝을 가진 깃털을 고른다. 그리고 겨드랑이에 넓은 잎사귀를 끼운다. 고단한 은신처를 숨기기에 알맞아 보인다. 둥지에 누우니 온통 허공이다. 헛발을 디딘 오늘이 먼 이야기 같다. 아직 남아 있는 식은땀을 손가락으로 접는다. 안개를 펼친다. 행성의 안개는 간지럽고 폭삭해서 몸을 덮기에 적당하다.

D+496

굵은부리까마귀 둥지를 이루는 재료: 오팔 부스러기, 적색 토파즈, 구릉에서 채굴한 흑요석, 월장석 표품, 검정 깃털, 신맛이 강한 핑거라임, 정체불명 나무 뼈, 분절된 문장, 포자식물의 잔풀, 은퇴한 비행 잎사귀, 그리고…… 그리고……

연필을 고쳐 쥔다. 그리고 잠시 고민한다. 핑거라임을 입에 넣자 새콤한 기운이 퍼진다. 얼굴을 찌푸린다. 작은 알갱이를 엄지와 검지로 터트리다가 일지에 적는다. 새.콤한.핑.거라임. 둥지를 이루는 것은 광석이나 광물, 식물의 잔가지, 풀, 잎과 같은 행성에서 채집할 수 있는 몇 가지 유기물질이다. 그러나 둥지 주인의 취향에 따라 주재료가 달라진다. 덕분에 새의 성격을 파악하기에 수월했다. 가령 이런 식이었다. 골밀도가 낮은 뼈나무는 쉽게 바스라지고 뾰족하다. 까다로운 축조가 필요했을 것이므로 새는 구도 계산에 탁월하고 조예가 깊은 성격이라는 것이다. 어떤 둥지는 각도에 따라 푸른색 혹은 자주색 광택을 띠었다. 그건 반짝이는 것을 좋아하는 새의 사치스러운 취미를 대변하는 셈이다.

D+497

 애매하다. 둥지를 떠났다가 돌아오는 새의 간격을 루틴 삼아 시간의 임의적인 경계를 긋는다. 멀리 사라지는 새를 본다. 둥지에 온기가 비어간다. 숨는다는 건 이따금 외롭고, 스스로를 발견하는 일이다. 새가 떠난 뒤, 흑색 깃털을 닮아가거나 검정이 되는 일에 몰두하는 시간을 보냈다. 그럴 땐 날개뼈를 도닥이며 나를 재워주던 지난 사람의 손길을 떠올렸다. 이카로스의 밀랍을 구해볼까. 그러다가 정말 바람이 익숙해지거나 하늘을 두려워하지 않게 되면 어쩌지. 사사로운 조바심이 생긴다.

 여기가 어두운 것은 불균질한 구름과 맞닿은 아득한 높이의 숲이나 자욱한 안개 때문은 아니다. 행성은 여러 막의 껍질에 쌓인 것처럼 뿌리를 가려둔다. 일지에 생각을 적으며 핑거라임을 다시 입에 넣는다. 묘하게 입맛을 다시게 하는 새콤한 맛이다. 예쁜 색을 내는 과육은 속이 비어서 톡톡 터지는 재미가 있다. 입술은 천천히 과일 색으로 물든다. 혀가 산화되어 표피가 까지고 있었으나 달콤한 중독을 멈출 수 없다. 꼭 거품으로 발화하는 거짓말 같다.

D+507

맞아. 틀려.

　행성의 새는 두 가지 말을 한다. 맞아. 틀려. 행성의 오래된 습관이라는 짐작을 한다. 모두가 떠난 숲에서 종일 메아리가 울리는 건 내 짐작을 설득력 있게 만든다. 하지만 까마귀가 판단하는 대상이 궁금하지 않다. 그보다 등 부근이 간질거리면서 뼈가 길어지는 것에 약간의 두려움이 생긴다. 날개가 돋는 걸까. 긴장을 풀기 위해 숨을 들이마신다. 들숨이 허파로 끊임없이 들어간다. 주입한 숨이 팔과 근육으로 향하는 것을 느낀다. 팔다리가 제멋대로 흔들리는 것이 공기 인형이 된 것 같다. 이러다가 순식간에 공중으로 날아오를 모양이다. 고소공포증이 있는 새가 되어 무리에서 배제당할 일과 날갯짓을 배우지 못해 추락할 일 중 확률이 높은 쪽을 생각한다. 얇아지는 다리를 보고 누군가가 어쩌자고 날개가 자라서는 쯧, 하며 혀를 찰지도 모른다. 날개가 돋는 것은 막연한 기분이다. 가령 '새인간'이 아니라 '인간새'가 되어버리는 일. 은하의 야생 밀렵꾼에게 잡혀 거세될지 모를 목젖. 인류의 알람이나 놀이 도구로 쓰일 언어. 그리고 폭력으로 사용할 최후의 말.

D+510

카라스, 믿어지니.

선물해준 날개 말이야. 행성의 어느 것보다 크고 탐스러워. 천적이 있다면 분명 낭패를 봤을 거야. 살이 찢어진 지가 며칠째인지 기억이 안 나. 나는 완연한 탈각을 이룬 켄타우로스가 되거나 허물을 벗은 아스클레피오스와 같은 마음으로 날개뼈를 돌봤어. 그리고 첫 비행을 해본 적 있는 만물의 기분을 이해하게 되었지.

카라스, 믿을 수 있니.

네게서 자라는 거짓말은 아름다운 환상이야. 무리하지 않아도 바람에 쓸려 날아가고 말지. 영험한 깃털은 하얗고 까맣기만 해서 참이거나 거짓으로 나뉘는 속성을 가졌어. 깃털의 양면을 어째서 숨겨두고 있었던 거야. 이곳의 뿌리를 숨긴 이유와 맞닿아 있는 걸까. 난분분한 은하의 깃털은 애조의 낭설이거나 무화과의 씨앗이야. 뒤척이는 깃털을 봐.

카라스, 넌 무슨 색이니.

D+514

 말을 하는 새인가. 미래 인류의 조상인가. 처음으로 확인한 행성의 민낯은 광활한 뼈에 가까웠다. 허공에 떠 있는 대륙은 긴 나무의 군집으로 이루어진 천공의 섬으로 보였다. 줄기를 잡고 내려갔다면 행성의 거름이 될 불운한 우주 미아가 되었을 것이다.

 천구의 두 극과 천정天頂을 지난다. 적도와 수직으로 만나는 큰 원을 극단적으로 회전한다. 날개에서 우수수 떨어지는 깃을 줍는다. 어떤 깃은 참에 가깝다. 그러나 대부분은 거짓을 고하는 새침한 색을 가진다. 어색하고 괴이한 언어가 날개를 이룬다. 까슬한 바람을 따라 영역을 숨기는 까마귀자리를 이어 돈다. 안개가 걷힌다. 행성은 맑은 밤을 내어놓는다. 메아리가 울리는 숲의 중심에서 파란 불이 타오르는 지도를 발견한다. 섣불리 다가가기 힘든 열기다. 근처에 접근하자 어깨가 부서질 듯한 통증이 인다. 그럼에도 손을 뻗는다. 순간 양피지 속으로 빨려들어간다.

D+∞

내가 처음 만났던 장국영은 서른한 살이었다. 영화 채널에서 〈천녀유혼〉 시리즈를 몰아 본 여름방학의 하루였다. 무결한 운명론자로 타고난 열일곱의 나는 의미 부여에 취미를 가져서 그날의 장국영을 알게 된 일이 중요한 순간이라고 믿었다. 왕조현이 치마를 펄럭이며 대나무 사이를 날아다니는 것도 매력적이었지만 그의 사연 있어 보이는 눈은 쉽게 잊히지 않았다. 방학이 끝나기 전에 〈아비정전〉〈동사서독〉〈패왕별희〉〈해피투게더〉〈금지옥엽〉〈백발마녀전〉〈영웅본색〉〈성월동화〉 등 그의 필모그래피를 훑으며 그가 세상에 없다는 사실을 알게 되었다(얼마나 과몰입을 했던지 그 시절 습작 중에 제목이 그의 이름인 시를 발견했다).

이후 4월 1일은 내내 슬펐다. 친구들이 어설픈 연기와 반을 바꾸며 초임 선생님을 놀리는 동안에도 내게 그날은 휴지를 펑펑 뜯는 날이었다. 울음 또한 웃음으로 치부되는 그런 설득 불가능한 날에 거짓말처럼 사라진 그가 미웠다. 만국이 허용한 거짓의 날에 택한 그의 죽음을 존중하기 어려웠다. 그럼에도 아직 내 버킷 리스트에는 홍콩과 만다린 오리엔탈 호텔, 딤섬 가게 예만방, 차찬텡의 밀크티가 적혀 있다.

감정이 피곤해 세상을 사랑할 수 없다, 짤막한 유서를 더듬는다. 세상은 그를 사랑하는데 정작 사랑을 무기력으로 치환한 그의 물기를 만져본다. 그리고 발 없는 새가 되어 바람에 몸을 맡긴 그를 세상이 되어 안아본다. 딱 한 번 지상에 내려오는 새의 하루가 죽음이라는 말이 거짓이면 좋았을 것을.

까마귀자리 주인인 카라스는 태양신 아폴론의 애조다. 아름다운 날개를 가진, 그러면서 거짓말쟁이다. 어느 날 까마귀는 자신의 실수를 무마하기 위해 아폴론의 연인인 코로니스에게 잘못을 씌운다. 코로니스는 아폴론의 아이를 가졌음에도 까마귀의 모략으로 화살을 맞는다. 아폴론은 뒤늦게 자신의 실수를 깨닫는다. 그러고는 죽은 연인에게서 아이를 꺼내 켄타우로스족의 현자 케이론에게 맡긴다. 이후 아이는 아스클레피오스라는 이름을 얻는다. 화가 난 아폴론은 까마귀가 더이상 거짓말을 할 수 없도록 언어를 앗아간다. 또한 흰 날개를 태워버린다.

 거짓말에 대해 생각한다. 연인을 앗아간 말, 흰 날개와 말을 잃은 새, 세상에서 영영 사라진 이름, 그리고 여름방학. 베개에 얼굴을 묻은 밤을 떠올린다. 사소한 거짓이 어지럽게 떠돌던 행성을 이불 사이에 깔아두던 그때가 생생하다. 어둠에 묻힌 얼굴이 많아질수록 거짓 행성에서 날아온 말이 발화하는 오후는 뜨겁다. 일기에 날씨를 적는 걸 깜박했다. 그보다 그날 내가 얻은 캐러멜 주머니에 대해 정확하게 적혀 있다. 하얀 민소매에 속옷을 입고 맘보를 추는 그는 솜사탕이 되어 금세 사라졌다. 지구에서 발화되는 추상적인 색깔의 거짓말을 나는 맛있게 까먹었다.

끝나지 않은 말

마무리는 분명히 있어, 엄마.

2020년 6월

편지

이미성(제자)

사랑하는 애기 선생님께

 선생님, 지금 어느 행성에 도착하셨나요. 선생님이 계시는 행성 날씨는 어때요. 여긴 이제 제법 가을 느낌이 나요. 아침저녁으로 쌀쌀해서 긴팔을 입어야 해요. 며칠 태풍이 연달아 왔고요, 코로나는 끝날 기미가 안 보여요. 거긴 그냥 평화로운 곳이죠.

 선생님이 갑자기 행성으로 떠났다는 소식을 들었을 때 무슨 일인가 어리둥절했어요. 우리에게 한마디 말도 없이 가실 분이 아니잖아요. 선생님이 하얀 국화에 싸여 환하게 웃고 있는 사진을 보고도 믿지 않았어요. 그건 선생님이 아니라 그냥 사진이었으니까요. 옆에서 시연이랑 유정이가 울어서 저는 그냥 따라 울었어요. 그런데 일주일이 지나도 단톡방에 "친구들 숙제 안 올립니까, 시 낭송 촬영 올리세요" 하는 선생님 공지가 없었어요. 선생님 이건 반칙이잖아요. 우리는 인사 잘하기가 기본이잖아요. 그렇게 해놓고 선생님은 그냥 가버리는 게 어딨어요. 우리의 많은 약속은 다 어쩌라고요.

저 성인 되는 날, 기념으로 예쁜 카페 데려가주기로 약속했잖아요. 그리고 핼러윈 데이에는 특별한 분장도 해서 같이 놀자 했잖아요. 아직도 그 목소리가 생생한데 선생님만 없어요. 며칠 전에 주민등록증 발급받으라는 우편물이 왔어요. 이제 일년 삼 개월만 있으면 저도 성인이에요. 시간 정말 빠르죠. 선생님이 무서워서, 벌벌 떨면서 숙제 검사를 받던 그런 아이였던 제가 벌써 성인이 돼요. 선생님이 약속했던 시간이 코앞에 다가왔네요. 약속 영원히 못 지키는 건 아니죠. 약속을 조금 미루는 것뿐이죠. 언제가 됐든 저는 기다릴 수 있어요. 선생님이랑 함께한다면 뭐든 다 미루고 기다릴게요. 그런데 선생님, 너무 오래 설레게 하진 말고 조금 일찍 오셔야 해요.

선생님을 만났던 처음이 생각나요. 선생님께 배웠던 모든 것이 오늘인 것처럼 생각나요. 글의 방향을 잡는 법, 형상화하는 법, 시를 이해하기 위한 방편으로 시 낭송 공부를 하던 것. 그리고 삶에 관한 얘기들. 잊지 않고 가슴 깊이 새기고 있어요. 선생님의 독특하고 신선한 발상으로 툭툭 치고 들어가는 글쓰기를 우리는 좋아했어요. 그걸 배우는 데 시간이 한참 걸렸어요. 이제 조금, 조금 알 것 같은데 선생님 덕분에 이렇게 많이 성장했는데 잘했어, 웃으며 말해줄 선생님만 없어요.

어제는 선생님과 찍었던 사진들을 하나하나 넘겨봤어요. 그리고 선생님 시들을 찾아봤어요. 제 공책에 선생님 흔적이 너무 많아요. 선생님과 주고받았던 메시지들. 저에게 이렇게 많은 소중한 것을 남기고 어느 행성으로 가셨을까요, 선생님. 좋은 곳으로 가셨는데 저는 자꾸 마음이 아프고 눈물이 흘러요. 생각하면 왜 좋은 기억만 떠오르는지 모르겠어요.

수업하다가 우리가 지친다 싶으면 컵라면 내기 끝말잇기도 즐거웠고요. 크리스마스에 느닷없이 "오늘은 잠옷 파티가 있습니다. 수업 때 잠옷 입고 오세요" 공지를 올리던 선생님. 우주의 운행을 우리에게 맞추려 했던, 우리를 지극히 사랑하던 선생님. 모든 것이 너무나 소중한 추억이 돼버렸어요. 꺼내볼 때마다 아파서 어떻게 하지, 지금은 그 생각만 들어요. 선생님이 그러셨잖아요. "사라지는 건 없어 밤으로 스며드는 것들이 짙어가기 때문일 뿐"이라고요. 그러니까 선생님은 사라진 게 아니라 선생님의 행성으로 짙게 스며든 것일 뿐인 거죠?

 행성 주소를 남기고 가셨으면 얼마나 좋았을까요. 나중에 우주선을 탈 수 있게 된다면 선생님이 계신 행성에 놀러갈게요. 유정이 나연이 희태 소현이 하영이 시연이 민준이 그리고 꿀벌이들과 고래들과 다른 친구들도 다 데리고 갈게요. 그때 선생님은 올리브 동산에서 우리를 기다리고 있겠죠. 올리브나무에 물을 주다가 맨발로 마중 나올 선생님이 눈에 선해요. 올리브나무가 열매 맺으면 산새들을 불러모아 한 알씩 나누어 먹을 선생님도 보여요. 선생님의 올리브 동산에는 선생님이 아끼는 모든 것이 선생님을 사랑하겠지요. 우리가 그랬던 것처럼요.

 저는 믿어요. 선생님이 우리의 뮤즈가 되어 끝까지 지켜주실 거란 걸요. 그래서 우리는 함부로 살면 안 된다는 것을 선생님은 또 일깨워주실 거란 것을요. 선생님의 행성에는 올리브나무가 울울하고 햇살 바르고 산들한 바람이 있을 거란 것도 믿어요. 아무 곳에나 돗자리 펼치고 책을 읽을 선생님이 보여요. 그곳에서 행복하게 계셔야 해요. 나비의 날개를 빌려 입고 잠시만 날아다니고요. 호기심 많은 선생님이 다른 곳으로 날다가 길을 잃으면 안 되니까요.

우리는 잘 있을게요. 그리고 큰 선생님 걱정은 하지 마세요. 우리가 잘 보호하고 지켜드릴게요. 선생님, 선생님의 행성에서 선생님이 원하는 모든 것을 하고 계실 거라 믿어요. 그리고 우리 심장에서 영원히 살아 계실 거란 것도 믿어요. 사랑해요, 정말 사랑해요.

>2020년 9월 10일 목요일
>선생님의 글을 좋아하고, 목소리를 좋아하고,
>밝은 웃음을 좋아하고, 선생님의 모든 것을 좋아하는
>이미성 올림

발문

서윤후 (시인)

천칭자리는 옆자리가 되어

 김희준 시인과 나는 서로를 선생님이라고 부르던 사이였다. 마땅히 불러줄 이름이 없었던 날들을 지나 이제는 홀로 '희준'이라고 부르게 되었다. 그가 남겨놓은 이야기들과 열심히 우정을 나눈 덕분이다. 희준이 당시 이 원고를 연재하고 있었을 때 나는 그 문예지의 편집장이었다. 한 달에 한 번 돌아오는 마감일에 맞춰 부지런히 보내주었던 메일을 검색해 열어보면 언제나 그의 곡진한 인사와 함께 원고가 담겨 있었다. 그 인사가 의례적이지 않아서 좋았다. 생생하고 구체적인 안부를 꽃다발처럼 건네주었으니까. 원고만큼이나 기다리는 순서이기도 했다. 이 지구에 잘 정착해 살아가는 성실한 사람의 상냥한 인사와 달리 원고를 열면 마음껏 우주를 유영하는 한 사람의 불시착에 관한 이야기가 담겨 있다는 것도 무척 흥미로웠다. 메일 내용과 첨부파일의 거리가 얼마나 멀었는지, 희준의 넉넉한 상상력을 돌보며 매달 원고를 먼저 읽는 기쁨을 누리기도 했다.

  어느 가을, 통영에 내려가 희준과 만났던 일도 그랬다. 선생님과 꼭 가고 싶은 곳이 있다며 나를 데려간 곳은 아무도 없는 컴컴한 요트 선착장이었다. 저마다 정박해 있던 요트에 몰래 타보고, 요트에서 다음 요트를 큰 보폭으로 뛰어 건너는 일이 재밌었다. 우리가 도착해버린 이 행성을 그나마 자유롭게 즐겨보는 일처럼 느껴졌다. 밤이라 흔들린 사진이 전부였지만 어딘가에 걸터앉아 사진도 찍고, 나무 벤치에 앉아 낮에 사두었던 무화과를 한아름 꺼내어 먹었다. 태어나 처음 먹어보는 무화과였다. 입 주변이 슬슬 간지러워서 원래 그런가 싶었는데 알고 보니 내게는 약간의 무화과 알레르기가 있었다. 희준이 그 이야기를 듣고 은하수처럼 해사하게 웃었던 기억도 있다. 희준은 내 생일도 별자리도 알고 있던 다정한 사람이었는데 그날 요트 선착장에서 스마트폰 앱으로 별자리의 위치를 짚어주기도 했다. 선생님, 어제보다 흐려서 별이 잘 안 보이는데요, 이쯤이에요. 어젯밤 하늘과 오늘의 밤하늘을 비교할 줄 아는 사람이었다. 어제도 밤하늘을 보았겠구나. 내일도 보겠구나. 밤하늘의 어두운 사위를 매일같이 분간하며, 자기만 덮어본 적 있는 어둠을, 밤하늘의 홀로 빛나는 부분을 더 많이 알고 있으리라 생각하니 퍽 믿음이 생겼다. 이 사람은 행성을 표류하다가 지구에 불시착해 자기만의 언어를 만나 여행하는 사람. 그곳에 여행을 온 것은 나였는데. 내게 희준은 그런 사람으로 남아 있다.

"선생님의 별자리인 물병자리는 그리스 희대의 미소년 '가니메데스'가 주인공이에요. 그 소년이 어찌나 예뻤는지 제우스가 납치를 했거든요. 납치극이라 해도 인간 신분으로 올림푸스에 입성하였으니 신분 상승의 원조격이랄까요. 요즘은 물병자리를 떠올릴 때마다 가니메데스와 서윤후 시인을 생각하는 중이에요. 제가 미신과 사주 같은 것에서 오늘의 운세나 연애운 보는 것을 너무 좋아하거든요. 간혹 물병자리 운을 보면서 '선생님에게 난감한 일이 생기겠군' 혹은 '즐거운 하루가 되겠네' 의미 없는 말이 나오곤 해요. 그게 좀 이상하죠?"(2019. 11. 15.)

처음 『행성표류기』로 출간되었던 이 책을 꺼내어 읽을 때마다 나는 그가 남겨준 메시지 하나를 머리맡에 떠올리며 시작한다. 홀로 가니메데스가 되어, 연회장에서 술을 따르던 그 기울임을 상상하며 행성을 마음껏 표류하고 싶어지게 된다. 희준이 일러준 물병자리 이야기는 잊을 수가 없다. 요즘에도 가끔 운세를 볼 때마다 희준의 천칭자리를 물끄러미 볼 때가 있다. 그는 버스를 타고 몇 시간을 달리면 갈 수 있는 곳에서 여전히 하루의 모진 운세를, 뜻밖의 연애운이나 재물운을 살아가고 있을 것만 같다. 이 책은 내가 희준과 여전히 만나는 곳이자 동시에 희준이 두고 간 이야기와 우정을 나누는 현장이다. 이제는 불현듯 밤하늘을 올려다보며 별들의 움직임을 희미한 눈으로 지켜보려고 하는 사람이 되었다. 몇 개의 반짝이는 별을 골라 희준의 올리브 동산을 이어 그려보기도 한다. 몇 번이고 다시 만날 수 있는 이야기를 남겨준 희준에게 고마운 마음이 든다. 어깨 너머로 등을 쓰다듬으며 '이 모진 사람, 어진 사람' 하고 속삭여주는 것 같다.

여름의 이부자리처럼 펼쳐져 있는 이 환상 속을 무한히 떠돌다 보면, 환상만으로는 기웃거릴 수 없었던 공허한 존재의 윤곽을 만져보게 된다. 먼 여행지를 표류하다가 문득 돌아가 잘

살고 싶어지는 마음 때문에 멀리 왔다는 것을 깨닫는 일처럼. 이 책은 별자리를 둘러싼 환상적인 이야기 속에 층층이 자리 잡은 삶에 대한 회고, 인간이 간직하고 있는 그리움이라는 고유의 별자리, 서로 닿을 수 없이 맴도는 관계에 대한 관찰과 탐구가 집요하게 담겨 있다. 지독히 현실적인 이야기가 와닿는 날도 있겠지만, 이처럼 최대한 아주 멀리 떨어져 삶의 책무에서 잠시 벗어나 돌아가려는 관성과 맞부딪치며 자유로부터 '나'를 잠깐 잃어버리며 행방을 묘연하게 하는 힘이 있다. 삼각형자리의 모서리에서 슬픔이라는 미지의 공간을 발견하는 시인에게는, 별자리가 갖는 천성처럼 우리가 간직한 모종의 슬픔을 바라보는 힘이 있다. 그 외로움을 너무 일찍 알아버렸다는 생각에 별똥별 같은 슬픔을 바닥에 떨구기도 한다. 그도 그만한 빛을 내며 낙하할 줄 안다는 것까지도 보여주고 싶어했던 것처럼.

한 사람의 별자리는 유년에 빨아당긴 많은 기억으로 서서히 빛나게 된다. 헤아릴 수 없이 많은 기억 중에서 사람의 비어 있는 틈으로 스며들어오는 슬픔과 상처는, 회복을 딛고 밤하늘을 수놓는 반짝임이 된다. 이 책은 수많은 별을 껴안고 몸살을 앓던 시인의 회복기다. 나는 이 회복기 덕분에 우주를 더 모르게 되었고, 사람에 대해서도 더 알 수 없게 되었다고 느꼈다. 그것이 참 기뻤다. 이 책은 무언가를 가득 일러주는, 이마 위의 세계를 투명하고 천진하게 내비치기만 하는 책이 아니라, 이토록 알 수 없이 광활한 세계를 살아가는 고작 삶이라는 짧은 순서 속에서 헤매어도 충분하다는 마음을 손에 쥐여주는 책이다. 그 손을 함께 잡고 더 멀리 가볼 수 있다. 그 손을 잠시 놓았다가 자유로운 여행을 할 수 있다. 돌아와 서로 보고 온 것을 말해주면서 벌어지는 일순간의 충돌을, 서로 연결되어 짓게 되는 별자리를, 불시착하여도 서로 기대어 볼 수도 있다는 사실을 알려준다.

희준의 별자리는 옆자리다. 옆자리를 항상 내어주고는 함께 보자고 말한다. 옆자리는 있을 때 이야기를 보온하고, 없을 때 더욱 빛이 난다. 나는 이 옆자리라는 별을 관측하기 위해 그가 영혼을 부딪치며 만난 이 이야기를 계속 읽는다. 함께 해찰할 수 있어 좋았다고, 각자 본 것을 잊지 말고 언젠가 서로에게 말해주자고 약속한다. 지상에서 가장 빛나는 작고 순한 새끼손가락을 내민다. 나는 언젠가부터 그 약속을 한 뒤로, 조금 더 자유로워졌다. 이 책을 읽은 뒤로 괜찮을 리 없는 일들에 대해서는 금세 물러나보게 된다. 옆자리를 잃지 않기 위해서. 희준이 내어준 옆자리가 있어서 회복할 수 있었던 날들을 결코 쉽게 잊지 않으려고.

"가엾고 사랑스러운 것은 잃어버리기 쉽지. 유기된 행성을 이곳으로 안내해줘. 무지개가 뜬 북방으로 걸어가자. 오후는 꺼지지 않는다. 움푹 파인 하늘을 본다. 영혼이 순환하는 쉼터에서 오래지 않아 만나게 될 나의 반려, 안녕."(196~197쪽)

이 책을 덮으면, 나는 내 마음 둘 곳 없었던 날들에게 주소가 생긴 것을 안다. 그것은 아마도 희준의 마지막 말로 적혀 있는 것처럼, 마무리가 있었기 때문일 것이다. 다만 이 환상에는 마무리가 없고 언제든 새롭게 시작을 갱신하게 만드는 힘이 있다. 삶과 우주라는 씨실과 날실로 촘촘히 엮은 희준의 따뜻하고 두터운 환상 속에서 새로운 이름들을 불러보게 되기 때문이다. 문장을 읽을 때마다 생성되는 미지의 공간 속에서 나는 형용할 길이 없어 내 안에 떠돌던 나를 두고 올 수 있게 된다. 내가 먼저 가본 별자리엔 희준이 두고 온 희준이 앉아 있었다. 혼자 이 정류장에 남겨져 있을 것이 외로우리라 생각하면서, 내어준 옆자리에 나는 가만히 앉아 생각한다. 우리가 여기를 떠도는 동안에는 혼자가 아니구나. 혼자가 아니라는 말은, 정교하게 부화한 혼자가 들려주는 풍경 속에서 깨달을 수 있구나. 이 책을 읽는 동안 우리는 우주가 담긴 손을 펼쳐 서로 잡아주었다가 놓아주었다가 맞잡아보는 사이가 된다. 두고 온 당신과 데려온 내가 만나 서로의 뒷모습을 열심히 읽어주는 일을 해본다. 그리하여 이 책은 희준을 당부하는 이야기가 아니라, 희준이 우리에게 맡기고 간 지구별의 잔상에 대해 실컷 생각해보게 되는 계기가 된다. 우리가 간직한 모든 옆자리가 다시금 빛날 때까지, 이 책은 읽는 우리의 우주를 기록할 것이다. 희준은 가엾고 사랑스러운 것은 잃어버리기 쉽다고 말했지만, 나는 언젠가 그에게 반대로 가엾고 사랑스러운 것을 기억하려는 지상의 아름다운 노력들을 들려주고 싶다.

희준이 보내는 안녕이라는 인사에는 굵은 획의 느낌표가 어울린다. 또 만나자는 약속을, 나는 여기에서 힘주어 해본다.

너의 별자리는 옆자리

ⓒ 김희준 2025

1판 1쇄 발행 2021년 7월 24일
1판 3쇄 발행 2022년 7월 24일
2판 1쇄 발행 2025년 9월 10일

지은이 김희준
펴낸이 김민정

책임편집 정가현
편집 유성원 권현승
디자인 김이정 이정민
저작권 박지영 형소진 주은수 오서영 조경은
마케팅 정민호 박치우 한민아 이민경 박진희 황승현 김경언
브랜딩 함유지 박민재 이송이 박다솔 조다현 김하연 이준희
제작 강신은 김동욱 이순호
제작처 영신사

펴낸곳 (주)난다
출판등록 2016년 8월 25일 제406-2016-000108호
주소 10881 경기도 파주시 회동길 210
전자우편 nandatoogo@gmail.com **페이스북** @nandaisart
인스타그램 @nandaisart **엑스** @wingedpoems
문의전화 031-955-8875(편집) 031-955-2689(마케팅) 031-955-8855(팩스)

ISBN 979-11-94171-87-4 03810

○ 이 책의 판권은 지은이와 (주)난다에 있습니다.
○ 이 책 내용의 전부 또는 일부를 재사용하려면 반드시 양측의 서면 동의를 받아야 합니다.
○ 난다는 (주)문학동네의 계열사입니다.
○ 잘못된 책은 구입하신 서점에서 교환해드립니다.
  기타 교환 문의: 031-955-2661, 3580